姜尚中編

Towards Autonomy in US-Japan Relations

「日米関係」からの自立

Haruki Wada
和田春樹（歴史学）
Carol Gluck
キャロル・グラック（歴史学）
Kang Sang-jung
姜尚中（政治思想）

9・11から
イラク・北朝鮮危機まで

藤原書店

されるように、国家としての日本がとった選択は、事実上の集団的自衛権の発動にも等しい軍事的な対米協力であった。

座談のなかでわれわれは、ただ平和憲法を「護符」にして非戦の立場から、そのような選択を批判するのではなく、むしろそうした日米同盟の「慣性の法則」を、日本を含む東北アジアの広域的な歴史のなかに位置づけ、その現代的な意味を掘り下げようと試みた。

グラック氏の言葉をかりれば、「日米二国間主義症候群」と言えるような同盟関係の「慣性の法則」は、どんな歴史的な力学のなかから生まれたのか。それによって日本と近隣アジア諸国の関係はどのように歪められ、それぞれの諸国民のナショナル・アイデンティティや歴史にどのような刻印を残すことになったのか。また戦後の日本は、そのような「慣性の法則」に従うことでどのような歴史的な過去を忘却し、何を犠牲にしてきたのか。さらにアメリカは、日本をはじめ東北アジアの地域にどのような巨大な影を投じてきたのか。こういった、日米関係を東北アジアの重層的な諸関係のなかで歴史的に問い直す知的な共同作業のなかから明らかになったのは、アメリカの「覇権の習慣」とそれに「寄生」する日本の姿であった。

「九・一一」の同時多発テロが突きつけたのは、そのようなアメリカの「覇権の習慣」と、それに寄り添う『北』の習慣」に対する暴力的な挑戦であった。それに対するリアクションが、核の

プロローグ

本書は、日米という、超大国と経済大国との同盟関係を、東北アジアさらにはグローバルな世界的コンテクストのなかで見直し、新しい世紀の地域的な「共通基盤」を模索しようとする座談の集成である。

ゲストにキャロル・グラック氏と和田春樹氏という、日米を代表する歴史家を迎え、わたしがナビゲーターも兼ねた問答形式の座談は、あの二〇〇一年九月一一日の同時多発テロの衝撃とともにはじまり、そしてイラクと北朝鮮（朝鮮民主主義人民共和国）をめぐる危機的な情況を目前にして終わっている。このほぼ一年余りにおよぶ戦争と平和をめぐるシリアスな世界的危機のなかで常に舞台の中心に巨大なシルエットを投じてきたのは、いうまでもなくアメリカである。その超大国アメリカによって宣布された対テロ戦争は、世界を震撼させるとともに、帝国的な世界権力と非正規的なテロリズムとの対決という構図を浮かび上がらせることになった。

そして豊かな「北」の世界の有力な大国である日本もまた、そのような対決の構図のなかでアメリカにつくのか否かの選択を迫られることになったのである。日米同盟の「慣性の法則」に促先制攻撃も辞さない武力制裁であるかぎり、破局的な事態が予想されるという点で三者は一致をみた。世界がアメリカの「正義」一色に塗りつぶされていけば、それに対する絶望的な抵抗や反感がテロといった暴力的なリアクションとなってあらわれ、世界は「汎暴力主義」に覆われた混乱の極みに達するに違いないと危惧されるからである。

そのような逆ユートピア的な破局に怯える世界に一体どのようなオルタナティブが構想されるのか。この困難な問いにグラック氏は、「覇権の習慣」『北』の習慣」「国民国家の習慣」を超えた「ノン・トピア」的な「共通基盤」の模索を提唱している。それは、アメリカの「正義」のような「大義」や「理念」の暴力を否定し、それぞれの地域の歴史の記憶とその多様性を包摂できるようなグローバルな新しい秩序の構想である。「日米二国間主義症候群」も、そうしたより多様かつグローバルなコンテクストのなかで相対化してみる必要があり、そのなかから新たな関係のあり方が見えてくるはずである。

和田氏とわたしは、グラック氏よりもどちらかと言えば、東北アジアの地域的な結びつきの可能性によりウェートを置いて、「日米二国間主義症候群」から脱却する秩序構想を提唱している。それは、東北アジアという、国家を超えた広域的な多国間秩序のなかに日米関係をも埋め込み、アメリカの「覇権の習慣」を相対化させてゆくオルタナティブである。その試金石となるのが、歴史的な日朝首脳会談であり、「日朝平壌宣言」に他ならない。日朝国交正常化交渉は単に日本と北朝鮮との二国間関係の正常化にとどまらず、南北朝鮮の平和的な共存と統一、さらには東北アジアの多国間主義的な協力関係の形成にとって決定的な第一歩になるはずである。

「日米二国間主義症候群」とは、実際には（東北）アジアへの無関心あるいは偏見による「アジア不在」の戦後外交と国民意識の別名に他ならないとすれば、「日朝平壌宣言」の第四項は、そうした戦後の「アジア不在」の歴史を清算し、日本が太平洋を隔てた超大国との紐帯を維持しつつ、東北アジアのなかに新たなアイデンティティを見いだしていく道筋を示しているのである。もちろん、そうした「東北アジア共同の家」が実現されるまでには荊棘《いばら》に満ちた道程が予想される。しかしそれを踏破したとき、少なくともこの地域においてアメリカは「覇権の習慣」を捨て去り、地域的な秩序の「同輩中の第一者」としてふるまうことになるであろう。そして日本もまた、開国以来果たせなかった近隣アジア諸国との和解と協力を達成できるようになるはずである。そしてこの地域での新しい秩序形成の「実験」は、アメリカに単独主義的な「帝国」的権力への内省を促し、アメリカの真の強さである「健全な」世論の復元に裨益するに違いない。その意味でこの地域の未来にアメリカの「覇権の習慣」を軌道修正するカギがあると言っても大袈裟ではないのだ。それが実現されたとき、日本は、日米関係の「慣性の法則」から脱してより広域かつグローバルな世界へと開かれていくに違いない。

オルタナティブをめぐる三人の若干のニュアンスの違いはあるにせよ、われわれは、「日米二国間主義症候群」を治す必要があることでは完全に一致をみたのである。

太平洋を挟んだ電子メールによる三人の問答形式の座談は、わたしにとってスリリングな知的興奮に溢れていた。即興の座談とも違った、「間」を置いた思考の時間を確保しつつ、しかし往復書簡のような格式張った形式では味わえない臨場感に満ちたやりとりは、それこそわたしの「批評の習慣」をうち破る知的刺激を与えてくれたのである。

姜尚中

「日米関係」からの自立——目次

プロローグ　姜尚中　i

I　九・一一事件と「日米関係」——日米の二国間主義症候群　2001.10.16〜2002.2.25

▼九・一一事件と「日米関係」の現在　9

はじめに／九・一一事件と「日米関係」の現在／従属的ナショナリズムの台頭／東北アジアと「日米関係」／日米の二国間主義症候群／戦後日本の選択と二つの欠落

▼日米の二国間主義症候群の起源　23

戦後アメリカの二面性／二国間主義症候群の起源／「もしも」という問い——天皇制、東北アジア／「大東亜」の否定と戦後日本のアジア認識／天皇制についての南原繁と野坂参三の立場／「米国の寛大さと日本の感謝」という通説／天皇退位の可能性について／「新生日本」という原初的戦後神話／日本の「帝国の記憶」の忘却

▼アメリカとは何か——克服すべき四つの「習慣」　41

アメリカの他者認識の問題／敵を壊滅するしかない戦争／「覇権の習慣」／「北の習慣」／「国民国家の習慣」／「批評の習慣」／帝国としてのアメリカとソ連／知識人と〝現実〟／その時々の選択の積み重ね／チャンスを逃したアメリカ／「北の習慣」が見えなくするもの／国内向けの演技としてのアメリカ外交

▼覇権にいかに対抗すべきか　73

過去に向きあうことと現実に向きあうこと／イデオロギーの絶対主義／〝大義〟と〝理念〟の暴力／「従米—反米」が閉ざすもの

▼世界の中の「日米関係」 82
ダヴォス会議とアンチ・ダヴォス会議／「ノン・トピアン」と「共通基盤」／歴史と記憶の多様性／「日米関係」以上の問題／「悪の枢軸」発言とアメリカ世論／「日米関係」と東アジア／東アジアで「共通基盤」の模索を

II 「日米関係」からの自立 （座談会） 2002.5.22

▼ヴェトナム戦争とは何だったのか 99
ヴェトナム戦争の頃／一九六〇年代は例外的だった／一九六〇年代と第二次世界大戦との関係／ヴェトナム戦争の「教訓」

▼現実にどう向きあうべきか 110
根づかなかった改革主義／理想主義と日米の知識人／介入か？ 批判か？／人道介入主義のパラドックス

▼無自覚な覇権国――アメリカおよび日本 123
「責任」「使命感」というより「習慣」／アメリカの無自覚な覇権／アメリカの世界との関わり／日米同盟と東北アジア共同の家／時間のかかる地域主義／アジアにおける地域主義の行方／「部屋の中の八百ポンドのゴリラ」と「井の中のクジラ」／アメリカにとっての隣国

▼「日米関係」は重要ではない 145
「日米関係」はそれほど重要ではない／アテンションのエコノミー／だれが「南」を代弁するのか？／自国中心主義的なテレビ・メディア／エリート、リーダーたちの世界認識／留学と世界認識／沖縄の問題――二国間主義では解決しない

III　九・一一事件からイラク・北朝鮮危機まで

歴史の偶然《アクシデント》——「アメリカ」のゆくえ ——キャロル・グラック　173

「先制攻撃」／長・中・短期的分析／偶然の積み重なり／日本のチャンス／帝国アメリカの将来

同盟と主体——「九・一一」から「日朝平壌宣言」へ ——和田春樹　186

「九・一一」の意味／テロリズムとは何か／ヴェトナム戦争の忘却／「日朝平壌宣言」の意味

戦争と平和の分岐点で ——姜尚中　200

数々の衝撃／「九・一一」以後のアメリカ／宗教的情熱に基づく愛国主義／北朝鮮への対応／日米同盟の払った「代償」

本文写真提供＝市毛實

「日米関係」からの自立——九・一一からイラク・北朝鮮危機まで

Ⅰ　九・一一事件と「日米関係」

——日米の二国間主義症候群——

2001.10.16～2002.2.25

「冷戦構造ができあがる以前に、アジアは日米の戦後世界の視野から消え去り、二国間主義症候群のひとつの基礎（あるいはその前提）が築かれた。」

キャロル・グラック

九・一一事件と「日米関係」の現在

はじめに

姜 この度は、座談会にご参加願いありがとうございます。座談のメンバーであると同時にコーディネーターのような役割を引き受けることになりました姜尚中といいます。よろしくお願いします。

キャロル・グラック先生とは数年前、杉山光信さん（明治大学）たちと一緒に大挙してコーネル大学から先生のゼミに参加した記憶があります。夜も随分遅い時間でしたが、先生やゼミの学生たちがわれわれを温かく歓待してくれたことをよく憶えております。ゼミに参加し、先生のすさまじいほどの頭の回転の速さにはただ驚くばかりでした。先生の名著『近代日本の神話』（未邦訳、Carol Gluck, *Japan's Modern Myths*, Princeton University Press, 1985.）を一通り読んでおりましたが、先生を通じて米国における日本研究の深さに圧倒される思いでした。この度、こうして先生がご参加されることに心から感謝しております。

和田春樹先生とキャロル・グラック先生とはすでにご面識もおありのことと存じます。東京大学・社会科学研究所創立五〇周年のシンポジウムのゲスト・スピーカーがキャロル・グラック先生で（「二千年期における社会科学——歴史的批判と展望」を講演）、その時の所長が和田先生だったでしょうか。

和田先生はいうまでもなく、日本を代表するロシア史、朝鮮史の最も優れた学者のひとりであり、また常に日本と東北アジア諸国との関係について発言する知識人の代表者的な存在です。もちろん、具体的な実践的テーマの取り組み方について先生のご方針やお考えにまったく異論がないわけではありませんが、にもかかわらず先生の深い学識と広い歴史的な知見にはいつも教えられることが多く、わたしが最も尊敬する人のひとりであることにかわりはありません。先生の数々の名著から啓発されたことの大きさは言葉では表現できないほどです。先生にご参加いただいたのは、日米関係を単なるバイラテラルな（二国間の）問題のなかに閉じこめず、もっと東北アジア諸国の歴史とそのコンテクストのなかでふたつの大国の関係の過去と将来を考え直してみたいと思ったからです。

九・一一事件と「日米関係」の現在

姜　二〇〇一年九月一一日に超大国アメリカの豊かさと力の象徴が自爆テロに襲われた事件は、世界を震撼させました。それは、「ポスト・ポスト冷戦」時代の不吉な幕開けになるかもしれません。さらに予想されたこととはいえ、アメリカは、アフガンへの武力制裁に走り、いまも空爆と目に見えない戦闘が続いています。内戦と飢餓で疲弊したアフガンへの軍事的な攻撃の是非をここで論じるつもりはありませんが、ご承知の通り、日本では実質上の対米支援法といえるテロ対策特別措置法案の審議をめぐって大荒れ模様になりそうです。“Show the flag!”というアメリカ政府高官の言葉に応えるべく、日本政府は「周辺事態」をはるかに超えて紛争地域に隣接するパキスタンにまで自衛隊の派遣を決定しようとしています。また自衛隊の武器使用の規制緩和や防衛施設設置法によるイージス艦派遣の検討など、一連の動きは、この半世紀にわたる日本の防衛・安保政策の根幹を変える重大な転換になると思われます。

このようなハイスピードの変化に対する国民の眼差しは、複雑であり、決してひとつにまとまっているわけではありません。とくに憲法九条との整合性が問題となる自衛隊の「後方支援」については、大まかですが、国民の三分の一はどちらかというと否定的な反応を示しているようです。小泉政権の異常に高い支持率にもかかわらず、これまで憲法改正の歯止めになってきた国民の三分の一の人々が、今回も自衛隊の海外派遣に二の足を踏んでいるようです。ただそれでも湾岸戦争の時の既視感に怯え、国家としての存在を対外的にアピールしたい政府やメディア、世論の多数派が日章旗を掲げた自衛隊の派遣に賛同しつつあります。いまここで護憲の「決まり文句」を繰り返してこの問題を論じようとは思いませんが、小泉首相が強調する「日本の主体的な取り組み」という言葉が空しく響く感じがしないわけではありません。言うまでもなく、アメリカの影が、今度の場合にも決定的な切り札になったからです。日米安保が、対テロ包囲網の形成に向けて集団的自衛権の共同行使にまで展開していくのかどうか予断を許しませんが、「平和国家」としてのタテマエが崩れつつあることは間違いないのではないでしょうか。

「平和国家」「文化国家」「道義国家」「民主国家」など、こうした国家に冠をかぶせたスローガンに近い言葉は、言うまでもなく、占領期に書き換えられた日本の戦争と近代の歩みに対する「物語」(narrative) によって作られました。それを「戦後の神話」と呼ぶにせよ、そうした言葉には、「平和憲法」に託された多くの国民の「祈り」が込められていたことは事実です。しかしその憲法が半世紀におよぶ戦後の歴史を通じて「日本化」されたとはいえ、その「ゴーストライター」はアメリカでした。このような幾重にもねじれた関係を内包しつつ、戦後の「平和と民主化」の理想は、決して完全に途絶することはなかったのです。

だが、今や、そうした理想も懐疑のるつぼのなかで溶解しつつあるように見受けられます。しかもその理想を捨て去る決定的なキッカケが、憲法のゴーストライターであるアメリカの「外圧」であることは歴史の皮肉なめぐり合わせというべきでしょうか。しかも、本年(二〇〇一年)は、サンフランシスコ講和・日米安保五〇周年の記念すべき年です。その年に「戦後」の封印を解くような決定的な第一歩が始まろうとしているのですから、二重の意味で皮肉なめぐり合わせです。

従属的ナショナリズムの台頭

姜 ただここで見逃せないのは、そうした封印を解く作業が、ただアメリカからの「外圧」だけに迫られて進められているわけではないということです。ジョン・ダワー氏の言葉を敷衍して言えば（三浦陽一、高杉忠明、田代泰子訳『敗北を抱きしめて　上・下』岩波書店、二〇〇一年）、戦後体制がそうであったように、戦後の幕引きもまた、日米間の「抱擁」(embracing) を通じて進められようとしているのではないでしょうか。

そうした印象を拭えないのは、この間、ネオ・ナショナリズムといっていいような現象が、雑誌や新聞、テレビなどのメディアやポピュラー・カルチャーを通じてかなりの広がりをみせつつあるからです。植民地支配や戦争、近代の歴史の公的な記憶に関する「歴史修正主義」的な言説と運動もそのようなネオ・ナショナリズム的な現象の一環です。その帰着点は、要するに「国家としての誇り」(national pride) にあると言えます。その誇りをズタズタにし、牢獄のような空間の中に日本人を閉じこめてきた戦後のシンボルこそ、「アメリカ製」の「平和憲法」ということなのでしょうか。その封印を解き、「他人の物語」ではなく、「自分の物語」によって生きること、これこそが「国家としての誇り」を取り戻す道だというのでしょう。したがって、日章旗を高々と掲げて自衛隊が紛争地域に赴くことは、それこそ「国家としての誇り」を回復する記念すべき慶事となるのです。

でも考えてみれば、それは奇妙な光景と言えないでしょうか。勝者としてのアメリカの「ゴースト（亡霊）」（キャロル・グラック「現在のなかの過去」〔A・ゴードン編『歴史としての戦後日本　上』みすず書房、二〇〇二年所収〕）を厄払いするために、アメリカの戦争に積極的に貢献しようというのですから、おそらく丸山真男ならば、それを「従属的ナショナリズム」と揶揄的に名づけるに違いありません。

東北アジアと「日米関係」

姜　他方、そうした日米間のバイラテラルな関係の大きさは、相対的に近隣アジア諸国を「遠景」に押しやることになりました。ご存じの通り、植民地支配と戦争の最大の犠牲者であった朝鮮や中国は、敗戦国の戦後にまともな発言力をもちえないまま、半ば「見えない存在」と化してきました。この「消失のメカニズム」（ダワー『敗北を抱きしめて』）が、冷戦下の歴史の記憶の忘却を許してきたわけですが、それが記憶の穴に埋もれてきた犠牲者たちによる「証言」によってよみがえって以来、様々な妥協や折衝の積み重ねにもかかわらず、日本と中国・韓国との間のわだかまりの溝は埋まらず、いっそう険しい関係が続いています。これら東北アジア諸国間の歴史の記憶をめぐる相克には、多分にアメリカの影が射しており、アメリカを抜きにして語りえないことは言うまでもありません。

以上、同時多発テロ以後の事態を踏まえてわたしの大まかな状況認識を述べさせていただきました。今回の鼎談では、今起こりつつある上記のような事態に関するおふたりのお考えを糸口にしながら、まず戦後の日本とアメリカの関係を、東北アジア諸国との関係を念頭に振り返ってみたいと思います。さらに戦後という限られた時空間にとどまらず、もっと遡って近代の始まりに日本を開国させ、戦間期には日本の大衆文化に決定的な影響を与えたアメリカと日本の歴史的な関係までも視野に入れながら、日米関係の過去を洗い直し、そしてその将来のあるべき姿を描いてみることができればと願っています。

そこでまず先生方には、今回の同時多発テロとアメリカの武力行使に関するお考えを述べていただき、それとの関連で日本国内の動きや近隣諸国との関係などについてご意見を披瀝していただきたいと思います。

キャロル・グラック先生、和田春樹先生という、とうてい望めないようなおふたりと座談を進めていくのは、身にあまる光栄ですが、コーディネーターという役割は余りにも荷が重すぎるように感じられます。不手際の点はどうぞご容赦いただき、活発な座談を期待する次第です。

まずキャロル・グラック先生におうかがいしたいと思います。九月一一日の同時多発テロ以降の事態と日米関係、日本の対応などについて先生はどんな感想をもたれていますか。お考えをお聞きかせ下さい。

日米の二国間主義症候群

グラック　わたしの観点から言えば、そもそも九月一一日のテロ事件と日米関係とを直接結びつけて論じようとすること自体に疑問を感じます。グローバル・テロリズムに対してはグローバルな対応が必要なのであって、一国だけ、あるいは二国間関係だけの事柄としてこれを考えるわけにはいかないからです。その様な考え方は前世紀のものであって、二十一世紀の世界のチャレンジに見合うものではないのです。

アメリカは依然として「ローン・スーパー・パワー」として振る舞っています。他国の人々がこの所謂「対テロ戦争」(War on terrorism)、そして今回のテロの原因をどう見ているかということを全く顧みていません。中近東でアメリカの超大国パワーによって抑圧され犠牲を強いられてきた人たちの視点は全く無視です。九月一一日以来の「多国間」同盟への呼びかけにしても、結局アメリカとそれぞれの国の個別の二国間協力を寄せ集める程度のもので各国はそれぞれアメリカを支援してはいても、お互い同士では何ら共同的な関係を築いているわけではありません。その様な文脈では、日米関係における日本の立場は冷戦時代とほとんど変わることなく、アメリカ対日本、という二国間のやりとりだけに限られた中でお互いを扱うものにしかなりえていません。例えば、湾岸戦争時のような非難を再び受けないように、といった覗き穴から問題を考える姿勢です（今回の反テロ措置法案も元は「対米支援」を法案名に掲げたものでした）。しかし、実際には日本の協力に非難を浴びせたのは専らアメリカだけであり、ヨーロッパ諸国は一三〇億円をかけた非軍事的協力を称賛しました。アメリカの立場にしても同様で、冷戦時と変らない反応を繰り返しているばかりです。常に優位に立つことを当然とし、"Show the flag" とばかり、指図や要求を突き付けるのです。両国とも時代遅れのやり方から脱皮できないでいるのです。

この様な日米の「二国間主義症候群」はアメリカをアジアの国と置き換えたからといって癒されるものではありません。小泉首相が一〇月の初めに江沢民主席を訪問した際、「日米関係並みの日中関係を築く」というような発言をしていましたが、それも二十世紀の時代遅れの立場であることに変りありません。しかし、もしも「世界はすっかり変わった」というのであれば、国際関係の在り方も刷新しなければ駄目なのです。もしも今のやり方をこのまま続けるなら、悲劇を解決するどころか、もっと大きな悲劇を招く結果になるでしょう。

わたしたちは歴史的にも、理論的にも、倫理的にも世界に対してのアプローチを根本から変革しなければならない地点に立っているのです。一国主義、二国間主義はもとより、現行の「多国間」主義でも充分ではありません。世界の国々がそれぞれの「主体性」を賭けてお互いの接点を見い出し、共通性を育くむ、真に国際的な〝場〟を創造していくことが必要です。いずれの国も「葦の髄から天井をのぞく」ような世界観や政治・外交姿勢を脱却して、新しい時代の新しいグローバルな関係秩序を模索することが先決課題でしょう。

姜 グラック先生から一挙に問題の核心部分に触れたご発言があり、虚をつかれたような印象をうけました。先生のご発言は、今回のグローバル・テロリズムの問題を、依然として日米の二国間関係に還元して捉えようとするわたしの問題設定そのものの問題点を鋭く突かれたご指摘だったように思います。ただグラック先生の問題提起こそ、実はわたしの本来の趣旨であったつもりです。つまり、大国の一国主義的な「国家理性」を前提とする「二国間主義症候群」の弊害が、日米関係をいかにいびつにし、そして同時に日本と近隣アジア諸国との関係を不健全にしてきたのか、その点を確認した上で、それをブレークスルーできるような新たな発想と枠組みを模索し、そのなかに日米関係を組みなおしていく作業の必要性を訴えたかったのです。

戦後日本の選択と二つの欠落

姜 グラック先生が提唱されている「新しい時代の新しいグローバルな関係秩序」をめざして、そこに至るロードマップを描くためにも、まずなぜ日米関係は、とくに先生がご指摘されるような「二国間主義症候群」に冒されてきたのか、その際だった弊害は何であったのか、歴史的に振り返ってみる必要があるのではないかと思います。この点について和田先生はいかがお考えでしょうか。具体的には敗戦以後のことに絞って問題点をご指摘願えれば幸いです。

和田 他ならぬニューヨークからグラック先生の声を聞き、うれしくもあり、心強く感じた次第です。というのは九月一一日以来のアメリカ政府の言葉を聞いて、強い不安に襲われていたからです。このたびの攻撃は一九四一年のパール・ハーバー以来のものだという言い方がされました。今日（二〇〇一年一一月六日）もマイヤーズ統合参謀本部議長が、パール・ハーバーのあとには反撃に四カ月かかったのに、今回は三週間で反撃したと述べていました。四一年一二月以後アメリカ本国は外国の攻撃を受けたことがないということがここに示されています。しかし、その時以後世界のほとんどすべての国が外国に首都を爆撃されるか、占領されているのです。ヨーロッパはほとんどの国も占領を経験しました。イギリスはその経験がありませんが、爆撃はうけています。ロシアは首都モスクワも第二の都市レニングラードも戸口まで敵が迫りました。包囲されたレニングラードでは一冬の間に七〇万人が餓死しました。アジアでは中国も韓国も北朝鮮も首都は占領され、爆撃されました。ヴェトナムもフィリピンもインドネシアもそうです。日本も東京は爆撃をうけ、一晩で八万七〇〇〇人が死にました。アメリカがパール・ハーバー以後はそういう経験なしにきたということは二十世紀において例外的であると申せます。

そのことを振り返りながら、わたしが考えたのは、日本人が戦争のゆえにアメリカ人を憎まなかったのはなぜかということです。指導者はわれわれに「鬼畜米英」と教えました。空から爆弾を落として、つぎつぎとわたしたちの町を焼いたのですから、指導者が教えたのは正しかったと考えても不思議はなかったのですが、不思議にアメリカを憎むという気持ちになりませんでした。これが戦争だと日本人は考えたのです。この地獄のような戦争は天皇の放送で終わりました。日本人は安堵して、天皇に感謝したのです。天皇の放送では、「敵は新たに残虐なる爆弾を使用して」と指摘しましたが、それでもアメリカを憎むようにはなりませんでした。日本人の怒りは日本軍に向けられました。空襲で家が焼かれるとき、日本軍が守ってくれたという気がしません。軍人が威張りかえっていたのを見てきましたが、それでわれわれの命と家を守ってくれないのなら、軍隊になんの値打ちがあるのか。軍人が戦争をやりたがって、この不幸をまねいたのだ。もう戦争はしないし、軍隊はいらない。五〇年間他国を攻め、領土を併合してきた国民としては、思いがけない心の動きです。しかし、この精神態度が生まれたからこそ、GHQが原案を書いた憲法が日本国民に受け入れられたのです。アメリカは鬼ではなく、われわれの先生であり、庇護者だということになりました。天皇に感謝して、軍隊を否定して、アメリカに庇護者をみると、これは自然と、憲法九条の上に日米安保条約をのせていく道になったのです。

わたしは、これは基本的には肯定されるべき道であったのではないかと思いますが、そこには二つの決定的欠落があったことだけはたしかです。

その一つは天皇に感謝し、天皇制をのこしてもいいが、昭和天皇は退位させなければならなかったということであり、いま一つが「大東亜共栄圏」をめざして戦争をしたということを忘れてしまわずに、それはいかなる意味があったのかを考え抜く態度が必要だったということです。それがあれば、日米二国間関係の中に戦後の日本人が虜になってしまうことから免れたかもしれませんし、アメリカ人にも日本人の側から問題提起をして一緒に考えることがもっと早くできたかもしれません。

日米の二国間主義症候群の起源

戦後アメリカの二面性

姜 和田先生から含蓄の深いご発言をいただきました。二〇世紀の戦争でほとんど例外なく多くの国々の首都が戦災を免れることはなかったにもかかわらず、米国だけはそれこそ例外でした。そして東京大空襲や原爆投下という恐ろしい戦争の惨禍にもかかわらず、多くの日本国民が戦後米国に対して親近感を抱き続け、アメリカ的な文化やライフ・スタイルを自分たちの日常生活のなかに血肉化してきたということはひとつの巨大な逆説と言えるかもしれません。米国は日本国民の「身体」の一部となっているわけであり、米国を自分たちの「外部」とはみなせなくなっていると思います。もちろん、他方では米国へのルサンチマンや「嫌米感情」がなくなることはなかったと思いますし、いまでもそれはくすぶり続けていると思いますが。

ただここでそうした豊かさと自由、民主主義の象徴としての米国、そうしたイメージが、なぜ沖縄など軍政支配下にあった地域を除いて日本国民にこれほどまでスムーズに受け入れられたのか、この点を考え直してみる必要があるのではないかと思います。天皇の玉音放送とその後の役割と、米国占領軍の「日本改造」との、ぎこちない、しかし結果としては絶妙なコラボレーションがそうした日本国民の対応を生み出していったといえないでしょうか。それは結果的には先の戦争の加害者の速やかな復興を助けることになりましたし、逆にその犠牲者たちに新たな冷戦の犠牲を強いることにもなりました。それは、米国が日本と朝鮮半島にとった対応の違いをみれば明らかです。前者に対する間接統治と後者に対する軍政支配、そのヤーヌスのような二面性こそ、昭和天皇の退位すらも阻んでしまった遠因であり、また植民地帝国としての歴史を戦後の日本国民がしっかりと受け止めることができなくなる背景でもあったように思います。そのツケは、日本の対米従属的な二国間主義でした。

そしてそうした米国の二面性は、今回の「アフガン戦争」に露骨な形で現れているように思えてならないのです。わたしとしては和田先生のご指摘に同意しながらも、同時にそのような米国の二面性をどのように考えるべきなのか、お聞きしたいと思います。

二国間主義症候群の起源

グラック お二人の刺激的な議論、興味深く伺いました。「葦の髄から天井をのぞく」ような日米関係の視野こそは、乗り越えなければならない障害物である、という点にはわたしたち三人とも、もちろん異論はないでしょう。アメリカ人として、わたしにはこの日米間の「二国間主義症候群」がアメリカ側からはどのように映るかを説明する責任があると考えます。また歴史家として、わたしのとる最初のステップは（すでに和田先生、姜先生ともに触れられていることですし）その起源を戦後のごくごく早い時期まで遡って指摘する、ということです。

実際、二国間主義症候群は冷戦期よりも以前に始まります。それは「大東亜戦争」、日本の敗北、そして連合軍の日本占領にその起源をもつのです。戦勝のずっと以前に、アメリカは日本における「戦後目標」についての所謂「降伏前計画」作りを始めています（一九四二年）。その計画では非軍事化、平和、そして民主主義はすでに目標に挙がっています。また、連合軍が直接支配権を握ったドイツとは異なり、日本においては「間接的な占領」が日本政府を通して行われる、としています。つまり戦後二国間主義の初期的枠組みは降伏のかなり以前に出来あがっていたと言えるのです。勝者アメリカと敗者日本の間の明らかな力の不均衡にもかかわらず、占領改革における「合弁」行為という幻想――そしてある意味では現実でもあったのですが――は、ダワー氏の言うように「敗北を抱きしめ」ることの一部であるのです。

しかし、改革はその一部に過ぎませんでした。アメリカはまた、アジアの存在が戦後日本人の意識から早々に――またも冷戦の始まる以前に――姿を消してしまったことに対しても責任を負っています。一九四五年の秋に、GHQは「大東亜戦争」という名前は「太平洋戦争」と変更されるべきことを宣言し、その戦争の「真実の歴史」(true history)が「太平洋戦争史」として『朝日新聞』に連載されることになります(一九四五年一二月八日開始)。太平洋戦争とは要するに真珠湾から広島・長崎までを指しており、それはまさにアメリカが闘った戦争、「日米戦争」というわけです。この名称変更によって、真珠湾のそもそもの原因であった対中戦争は全く消え失せてしまいました。さらに、このような、一九四一年から四五年の間の戦争にだけ焦点を合わせるという態度は、わたしが言うところの「帝国の記憶喪失」(amnesia of empire)状態を作りだしました。朝鮮も台湾も、満州国も南洋も意識から消え去って、ただ「日本列島」(home islands) だけが、「単一民族国家」として再構成されるものとしてのこされたのです。こうして、冷戦構造ができあがる以前に、アジアは日米の戦後世界の視野から消え去り、二国間主義症候群のひとつの基礎（あるいは前提）が築かれたのです。

姜 グラック先生から示唆に富んだご発言をいただきました。「二国間主義症候群」とは、言いえて妙ですね。グラック先生のいつもながらの鋭いご指摘に啓発されているところです。

日米の二国間主義症候群のひとつの基礎が戦中にまでさかのぼり、それが戦後の戦争の記憶のあり方にまで影響を与えるとともに、アジアとの関係の事実上の「抹消」や「帝国の記憶喪失」を作りだす遠因になったというグラック先生のご指摘、わたしも同感です。わたしの考えでは、そうした勝者の側の「降伏前計画」が、戦後の日米関係の歴史に関する支配的な通説を支える「ソフトピース」論の土台になったと思います。つまり、勝者である米国は稀にみるほどの寛大さで敗者に臨み、結果として日本は速やかに復興の足がかりを掴むことができたという、米国の「恩恵」に対する感謝を前提とする日米関係の捉え方です。

「もしも」という問い——天皇制、東北アジア

姜 そこで疑問に思いますのは、戦中期、米国側の「降伏前計画」では他のプランは考えられていなかったのでしょうか。具体的には中国の解放を視野に入れた、戦後の東北アジアの新しい秩序構想といったことです。米国内の戦争や外交の中心的な政策決定者の間で日本の戦後処理や占領政策、また近隣アジア諸国の処遇や東北アジアの新秩序などをめぐっていくつかのプランが拮抗していたことはなかったのでしょうか。歴史を考えるときの最もプリミティブな、しかし重要な問いかけが、「なぜかくなって、それ以外ではありえなかったのか」であるとすると、わたしはいつも以上のように問いかけたくなるのです。

さらにいくつかの問いが頭をめぐっています。どうして米国は天皇「ヒロヒト」の「免責」に傾き、その利用による占領政策を構想したのか。それはいつ頃からであり、またどうしてそうしたプランしか考えられなかったのか。さらにどうして米国は、天皇「ヒロヒト」の「免責」によって日本国内のアンシャンレジームの中枢にいた「天皇重臣リベラル」を中心とする戦後復興をのぞましい選択と考えたのか、といった問いです。

歴史を後知恵で振り返れば、そうした選択のレールに乗った日米の二国間主義症候群は、戦後日本に未曾有の繁栄をもたらすことになったと思いますが、しかしそのツケも大きかったのではないでしょうか。わたしが思いますに、そうした勝者と敗者の談合は、勝者が敗者をよく理解し、親日的な配慮と寛大さを示したからではなく、むしろ逆に敗者をきわめて偏ったメガネでみていたことの証左ではないかと思うのです。つまり、フツーの日本国民は、天皇のような伝統的な権威なしにはまともに生きられない国民であり、そうした権威を失えば、それこそ女王蜂をなくした働き蜂のように雲散霧消する薄弱な存在であるといった思い込みです。そのようなオリエンタリズム的な眼差しのもとでしか日本をみられなかったがゆえに、結果としては先にも申しましたように、アンシャンレジームの権力機構を温存させることになったのではないかと思うのです。そしてそのような旧体制の権威と権力の温存と、近隣アジア諸国が視界から消えうせていくということは、実際にはパラレルなことだったのではないでしょうか。もちろん、そうしたモデレートな進路が、日本を破局から救い出し、いち早く戦後復興のコースへの転換を可能にしたという評価もありえますし、またそうした評価が支配的な考え方になっていると思います。

しかし可能性としては、現実のコースとは違った歴史の歩みがありえたわけであり、それを歴史的な構想力によって思い描いてみることは、単なるファンタジーにとどまらず、今後、二国間主義症候群からの脱却の方途を考える上で示唆深いのではないかと思いますが、どうでしょうか。以上の点について和田先生のお考えをお聞きしたいと思います。

「大東亜」の否定と戦後日本のアジア認識

和田 日米間の「二国間主義症候群」をつくりだすのにアメリカの準備が非常に早くからはじまっていたというグラック先生のご指摘はあらためてなるほどと思いました。戦後の日本をつくりあげるのにアメリカ占領の果たした役割は決定的です。『朝日新聞』に太平洋戦争の「真実の歴史」が一二月八日より連載されたという点は最近「新しい歴史教科書をつくる会」が持ち出したGHQの「戦争情報プログラム」(war guilt information program)が日本人に自国の戦争に対する罪悪感を植え付けたという主張の逆をいく意味深い指摘です。わたしはアメリカの政策を受け入れるのに好都合な精神態度が敗戦時の日本人の中に生まれていたことを指摘し、基本的にはそれは肯定されるべきものだと申しましたが、そこから出発して歴史が提起している課題にとりくむためにとるべき二つのステップが失われたことはあまりに残念な欠落、喪失でした。天皇の退位と「大東亜共栄圏」構想を問いつめることということこの二つのステップが封じられたことこそ、アメリカ主導の日米共謀の結果です。

日米開戦時の日本の新聞を読んで、わたしが気づいたことは、はじまった戦争を「大東亜戦争」とよぶということの他に、「極東」という言葉を以後使わないと当局が発表したことでした。このことはアメリカ占領軍が「太平洋戦争」とよぶことにし、「極東軍事裁判」をおこなうことと見合っているわけです。「大東亜共栄圏」という構想を問いつめて、その構想のどこにどういう問題があるかを徹底的に批判して、その上で生かせる種があれば徹底的に作り直して救っていくということが必要でした。そうすれば、「大東亜」とはなにか、自分たちが生きる地域は必要か、南方諸国には独立をいいながら、朝鮮に対してはそれを認めなかったのは矛盾ではないのかと、歴史と地域にさかのぼり、目をひろげていくことが可能になったのです。戦争はいやだ、戦争と関係したことは考えたくないという精神態度から「大東亜共栄圏」を問いつめるということに進むためには、精神の飛躍が必要です。それを媒介する知識人の問題提起がありませんでした。他方「大東亜戦争」を肯定支持した多くの知識人は、そのことを忌まわしい過去として隠そうとしました。竹内好はそうでなかった数少ない人の一人ですが、彼の戦後の思考は日中間にかぎられました。中国にアヘンを売った日本人が民族のクズであり、それが鏡に写った自分たちの姿だと彼は指摘しましたが、中国で売られたアヘンが朝鮮で作られ、朝鮮人を使って中国で売られたということを掘り下げることはなかったのです。占領軍によって「大東亜戦争」にかかわるすべての資料が軍国主義宣伝物として禁じられたことがこういうことを促進し、正当化していきました。この結果、戦後の日本人は自分がどこに属するかという意識を欠落させることになりました。端的に言えば、あるのは日本人は世界の中でアメリカの懐に属するという意識です。

「大東亜」を否定した戦後に、日本人は「大東亜」の一部であった「南方」を「東南アジア」と呼ぶようになります。わずかに大正期の地理の教科書に「東南アジヤ」という認識があったことが思い出されて、アメリカ軍の Southeast Asia という用語を「南東アジア」と訳したのを修正したのです。しかし、そこに日本が属していないのはたしかです。そこで、「東北アジア」が問題になりますが、通常、日本ではより多くの場合、Northeast Asia の直訳である「北東アジア」が使われています。しかし『広辞苑』には、「東北アジア」も「北東アジア」も載っていないのです。つまり、現在の日本人には自分が属している地域の意識がいまだにないわけです。

天皇制についての南原繁と野坂参三の立場

和田 天皇の退位を許さなかったのは、マッカーサーの最大の罪であったと思われます。天皇の力を十分に利用した後で、講和の際には退位させることが望ましいという準備工作はできたはずです。天皇が退位して責任をとれば、日本人は過去を問い直さなければならなくなったのです。わたしは、南原繁の終戦工作の思想を評価する者です。姜さんが南原の「外地異種族の離れ去った純粋日本」という思想を批判しておられる（新著『ナショナリズム』岩波書店、二〇〇一年）ことから学びましたが、それでも南原が、天皇の裁断を仰ぎ、終戦の詔書を作成する、天皇制は維持するが、戦後天皇は道義的責任をとって、退位するとの構想をたてたことは戦後日本の唯一のオールタナティヴだと見ています。この点で天皇制打倒、天皇戦犯訴追の主張を掲げて、事実上GHQ路線をささえることになった日本共産党の中で、ただ一人天皇退位論をとなえた野坂参三の立場も重要だと考えます。共産党には、朝鮮の独立を主張し続けたというメリットがありました。南原と野坂のブロックは歴史の可能性です。この二人が憲法を批判して、自衛権をともに主張したところに興味深い点があります。天皇を退位させれば、あたらしい軍隊がつくれるという主張です。もちろん昭和天皇は退位をのぞまなかったということも重要です。わたしはいまからでも天皇は戦争の責任をとって退位すべきであった、それがなされなかったのは遺憾であるという確認が国民の共通の歴史認識に入らなければならないし、本来なら歴史教科書に書かれるべきだと考えます。

「米国の寛大さと日本の感謝」という通説

グラック 姜先生、和田先生に、占領期におけるアメリカの役割、天皇制（そして天皇そのものの）保持、そして帝国後の日本のアジアとの関係という、戦後日本の起源を覆う影である三つの、回避できない課題をつなげて提示してくださったことに感謝します。

はじめに、アメリカと占領について。姜先生が「アメリカの寛大さと日本の感謝」という通説について触れられましたが、それは占領初期についてはある程度、そう考える理由があったでしょう。このことは、一九四五年と四六年の困難な時期には（遠い将来のこととしてさえ）誰も予測しなかった、その後の日本の繁栄においてアメリカが演じた役割とは何ら関係のないものでした。アメリカ人は、全面戦争の敗者に対してなされるはずの処置、そして多くの日本人が当然と予測していた事態、つまり国を壊してしまうというような事態、に比すれば「寛大」に見えました。アメリカ人がそこまでしなかったのはひとつには日本人の「感謝」がありましたが、一方には当然、国民の、戦時の厳しい生活から解放された安堵感もあったのです。

このことについては、ドイツ、オーストリア、朝鮮、沖縄など、アメリカが関わったその他の戦後占領と比べてみることもできるでしょう。ブルース・カミングスのアメリカの朝鮮占領に関する研究（Bruce Cumings, *The origins of the Korean War*, 2 vols. Princeton University Press, 1981-1990.〔鄭敬謨・林哲訳『朝鮮戦争の起源』シアレヒム社、一九八九年〜一九九一年〕）は、日本のように戦争に敗れたわけでなく、日本の植民地支配から解放されるはずの朝鮮に何が起こったか、ということを明らかにしています。それは、分断、支配、そして血みどろの代理戦争の苦悩でした。これらに比べれば、日本の占領は、少なくともその初期においてはより歓迎される傾向を持っていたと考える人もあることでしょう。

しかし、寛大なアメリカとありがたがる日本というイメージは、冷戦なしには長続きしなかったに違いありません。実際、戦後急速に国内の動員解除が進み、**"nation building"** と現在呼ばれている政策から遠ざかるにつれて、アメリカの議会と世論は、占領を終息させ平和条約の早期締結をあおるようになりました。日本のエリートたちも国政の全ての面へのＧＨＱのいちいちの干渉に感謝していたとはあまりいえないでしょう。

そういうことで議論は冷戦へ戻ります。通説がどう生きのびたか、を説明するためだけでなく、繁栄の到来をも説明するためです。おそらく、アメリカの占領なしでも、アメリカが「自由世界」の側に引き付けておくためにばらまいたドルの恩恵を被った多くの国と同様、日本経済も繁栄したかもしれません。

このような憶測は姜先生の「もしも」という問いをわたしに投げかけます。もしも、日本がイギリス、フランス、ソビエト、中国、さらにオーストラリアを含めた本当の連合軍の占領をうけていたとしたらどうだったでしょう。日本がいくつかの占領地区に分割されていたとしたらどうだったでしょうか。あるいはもしも占領が全くなかったとしたらどうだったでしょうか。動員解除と武装解除、厳重な賠償と海外からの平和の監視だけが行われていたとしたらどうだったでしょうか。歴史家として「反事実的」(counterfactual) であることは得意ではありませんが、占領がなかった場合に戦後日本がどのような道をたどったかということを想像してみることは意味があるかもしれません。誰が権力をにぎっただろうか、天皇はどうなっていただろうか、どのような「戦後方策」がくりだされただろうか、また冷戦のなかで日本はどのような位置を占めただろうか、といったことについてはどうでしょうか。

わたしはアメリカが日本に「良い占領」をもたらした、と言うつもりは全くありません。それどころか、アメリカは、勝者としてだけでなく、新植民地支配権力《ネオ・コロニアル》——傲慢さはこれに含まれます——として機能しました。同時に、日本人とアメリカ人は戦後プロジェクトにおいて結託し、時に競合し、時にお互いを操り合い、そしてそのような中で、「アメリカの寛大さと日本の感謝」

というイメージがお互いにとって便利なものであることが証明されたことで、この通説が生き延びたとわたしは見ています。ここにも「日米二国間主義症候群」を見るわけです。

天皇退位の可能性について

グラック 次に、天皇について。姜先生は、アメリカ人の無知とオリエンタリズムを指摘されました。それは、日本人は天皇なしでは混沌と共産主義に走ってしまうという考えを導き出しました。皮肉なことに、「降伏前計画」において天皇を保持することを主張したのは日本専門家たちでした。恩きせがましい態度のグリュー大使だけでなく、クェーカー教徒のヒュー・ボートンやイギリスの外交官であるジョージ・サムソンといった、尊敬を集めていた日本史家たちが天皇保持を主張したのです。多くのアメリカ人――そして中国人や他の多くの国の人たちも――は、世論調査からも明らかなように、ヒロヒトは何らかの刑罰を受けるべきだと考えていました。場合によっては絞首刑も。そして事実はといえば、当局はヒロヒトを訴追する準備を進めていたのです。和田先生がおっしゃったようにマッカーサーは天皇を、裁判からだけでなく退位からも免責した張本人です。これらの行為の両方が間違っていたということにわたしも同意します。ヒロヒトは退位して訴追されたほうがよかったでしょう。

ヒロヒト個人が退位を好まなかったこと——それは死後に公にされたいくつもの資料に明らかですが——も考えに入れるなら一九四五年当時、昭和の終りを告げる力をもっていたのはGHQだけだったというのが本当のところでしょう。和田先生が南原や野坂の提案について触れておられますが、彼らのうちのどちらか（あるいは他の誰であっても）が天皇の意志——「天皇の名において」行動していると主張することで利益を得ていた人たちの支持もあるなかで——をくつがえして退位を迫ることができたと想像することは難しいでしょう。

「新生日本」という原初的戦後神話

グラック　わたしたちの占領に関する批判的議論も「新生日本」の原初的戦後神話と関係しているということにお二人は同意なさるでしょうか。わたしたちは未だに全てが変わるべきだったと思いたいのではないでしょうか。天皇制廃棄、旧体制の解消、そして新しい平和秩序が「東北アジア」に打ち建てられたはずだと考えてはいないでしょうか。わたしたちにとって戦後直ぐに行われた改革は抜本的変革——おそらくは革命——への失われた機会としてとらえられているのです。しかし、歴史的な後知恵で見れば、今となってはそのような希望も、構造的な継続性――それは本物の革命だけが断ち切ることができたものでしょう――を前にしてはありそうもないことに見えます。結局のところドイツは、単にいくつもの占領区に分けられて支配を受けたにとどまらず、国家の分断も経験しました。日本はそれほどの体制への構造的な衝撃を受けませんでした。継続性を考えれば、たとえ天皇制が廃棄されたとしても、戦後政治がそれほど違った様相を見せたとはいえないとも考えられます。それはちょっと憂鬱な考えですが。

日本の「帝国の記憶」の忘却

グラック 第三に、日本とアジアとの関係です。姜先生から、旧体制保持が日本の戦後の記憶からアジアが消え去ってしまうことを助けたという発言がありました。また和田先生からは日本は自分がアジアに属しているという意識がない、という指摘がありました。大東亜戦争の遺産と向きあって来なかったからだ、と和田先生がおっしゃるのは正しい指摘だと思います。アメリカが植民地支配権力としてふるまったとしたなら、日本の、占領とサンフランシスコ体制に対する批判はポスト・コロニアルの立場を代表することになるでしょう。しかし、忘れてはならないのは、日本はアジアにおいて帝国主義権力として存在した、ということです。にもかかわらず、戦後の日本はポスト帝国の認識を持っているようにはほとんど見えません。今日のアジアとの関連については、占領と冷戦のアメリカへのポスト・コロニアルな批判よりも、日本の帝国主義と侵略戦争についてのポスト・インペリアルな反省のほうがずっと大切なのではないでしょうか。ここでもまた、「日米二国間主義症候群」が、日本人の、アジアの過去と現在についてのものの考え方の障害となっているわけです。

姜　日本の「帝国の記憶」の忘却に対するグラック先生のご批判、興味深くうかがいました。確かにポスト・インペリアルな反省が重要であることは事実です。ポスト・インペリアルな反省とポスト・コロニアルな批判とは切り離すことの出来ないテーマであり、両者の「重なり合い」(over-lapping) こそ重要ではないでしょうか。

アメリカとは何か——克服すべき四つの「習慣」

アメリカの他者認識の問題

姜　その後、ご無沙汰していますが、新年をどんな思いでお迎えになられたでしょうか。これまでのやりとりで、日米関係の構造的な問題を考える基本的な視点が出揃い、これからの議論のフレームワークができたのではないかと思います。

そこで大きな問題として浮かび上がってくるのは、唯一の超大国ともいえる米国がどのような原則や理念のもとに世界に関与し、国際の平和と安定、繁栄にどのような影響を与えることになるのか、ということです。その場合、わたしには大別してふたつの可能性があるように思えます。そのひとつは、いわゆる「単独主義」的な覇権を唱え、同盟国との連携をはかりつつも、基本的には米国一国の利益を最優先させる選択です。これに対してもうひとつの選択として考えられるのは、多極的な相互依存関係を重視し、グローバルな問題の解決に向けて協調主義的な姿勢をとることです。

最近では京都議定書、包括的核実験禁止条約、ＡＢＭ制限条約などからの一方的な離脱や、人種差別に反対する国際会議への出席拒否、さらには地下核実験の再開など、独り善がりの感が否めません。もっともあの同時多発テロ以後、米国は、パウエル国務長官の発言にあるようなテロと闘う「グローバル・コアリション」をアピールし、「ならず者」国家への経済制裁を緩和したり、国連を自国の支援調達の場として活用するなど、一見すると「単独主義」的な行動を控えているように見えますが、他方では世界的介入主義への戦術転換のようにも見受けられます。こうした超大国の世界に対する関与のブレが、それに翻弄される地域や国々、その住民の運命を大きく左右する分岐になることは、今度のアフガニスタンの例をみれば明らかです。タリバンが一掃され、北部同盟を中心に暫定政権作りがはじまっているアフガニスタンの現況をみてみますと、結果的には超大国が内戦に介入し、地域の大部分の領土を支配していた政権をなぎ倒したことになります。その結果として米国の一部学者の推定によると、米国の空爆によって昨年（二〇〇一年）の一二月現在であの同時多発テロを上回る民間人の死者が出ているそうです。難民にいたってはおびただしい数に及んでいるはずであり、彼らが寒さと飢えでこの冬を越せるのかどうか定かではないほどです。同時多発テロは衝撃的でしたが、それにもましてアフガニスタンの惨状とそれに関与している米国の冷酷なまでの徹底性には戦慄を覚えざるをえません。

そこでわたしにとって気になるのは、戦術核なみの殺傷力を誇る新型の大型爆弾を果たしてヨーロッパの紛争地域に雨霰のように投下できるものなのかどうかということです。テロに対するリベンジという側面があったにせよ、やはり人種差別と宗教的偏見なしにはあのような殲滅戦を実行できるものではないと思います。わたしが問題にしたいのは、米国の「他者」認識の問題なのです。

敵を壊滅するしかない戦争

姜 しかももっと問題なのは、米国の比類のない高度な軍事技術における殲滅手段の上昇が、殲滅すべき対象の法的・道徳的な差別化という破滅的な深遠を裂き開きつつあるのではないかということです。戦死者を死体袋に詰め込まずに、何度でも戦場で失敗できる「素晴らしい」軍事シュミレーション装置で再現される戦場には、冷戦時代に想定されていた「正しい敵」など存在せず、根絶すべき「害虫」が存在するだけではないでしょうか。こうした戦慄すべき事態が起きていることに対してわたしは米国内でどんな議論があり、どういった論争があるのか、まだよくわかりません。できればグラック先生にその辺りのことについてお話を伺えればありがたいと思います。

こうしたことを問題にするのも、歴史的にみて、いったいいつ頃から米国はそうした対外的な認識や外交・安保政策を実行に移すようになったのか、またその場合にそれらは国内的にどんな要因とかかわっているのか、このあたりのことをグラック先生からお伺いしたいからです。このことは日米関係をとらえ直す場合にも重要な視点ではないかと思います。

最近になってかつて八〇年代末に読んだ覚えのあるジョージ・F・ケナンの『アメリカ外交五〇年』(*American Diplomacy*, University of Chicago Press, 1951.) を読み返しながら、次のような個所に再び注視せざるをえませんでした。「アメリカ外交と軍部」という章のなかでケナンは次のように述懐しています。少々長いですが、引用したいと思います。

「アメリカがもっともしばしば、そして深刻な形で陥った過ちの例は、すべて軍事的問題に関連しているものであるように思える。……われわれをつまずかせてきたのは軍事的要因であった。……わが国が現代の軍事力の使用にかかわり合ったのは、今世紀のふたつの大戦という、混乱していて戦争についてある程度誤解を生むような経験に限られていた。両大戦はともに無条件降伏という形で終結したために、戦争の目的というものは全く邪悪で非人間的であるとみなされる外部の敵を相手として、相互の利益になる妥協をもたらすのではなく、その敵の力と意志を完全に破壊することであるという見解をわれわれに持たせてしまった。……今日直面しているような恐るべき攻撃を加える慣行を全面的に承認したために、とくに第二次世界大戦中、いわゆる地域爆撃を採用したために、もたらされたのである。われわれは今、ついに、このような慣行に従うことはその論理的帰結として自分自身のみならず、おそらく文明そのものを破壊することであると認めざるを得なくなっている。言い換えれば、われわれは自らを危険な袋小路に追い込んでしまった。そしてわれわれがこの恐るべき罠から逃れようとしている今、軍事力行使に代る頼るべき有効な理論を持たないことがわれわれにもしだいに明らかになってきた。これら二つの過ち――無条件降伏方針の採用と一般市民大量殺戮の採用――によってわれわれは深い迷路に入り込んでいる」（岩波現代文庫、二六五―七頁）

かつて冷戦の世界像の理論的な代表者のひとりであったケナンを今さらここで持ち上げる気は

ありません。しかしそうしたリアリストですらも、ここに引用したような危惧の念をもっていたことに感慨をあらたにしたのです。果たして今の執権者や外交当局者、あるいは米国の世界への関与について影響力のある人々の間に、現在の米国が、ケナンが懸念したような、「深い迷路に入り込んでいる」という謙虚な懐疑はあるのでしょうか。

こうしたことを考えるにつけ、グラック先生から米国の世界との関与のあり方について歴史的に遡ってお話をいただければ幸いです。またそれを受ける形でそれではアジアではどうだったのか、和田先生にお考えをお聞きできればありがたいと思います。

「覇権の習慣」

グラック Happy New Year! 二〇〇二年は去年より良い年になるよう努力しましょう。

さて、姜先生は、なぜアメリカは唯一の超大国として振る舞い続けるのか、同盟のベールの陰で単独行動を取り続けるのか、そしてどうしてすでに惨憺たる状況にある国に空爆し続けるのか、その理由を知りたい、とおっしゃっています。しかし、これらの質問を発することは易しいでしょうが、答えるのはずっと難しいのです。また、わたしはここで再び「アメリカ人」として発言するように、と期待されているようですが、むしろ歴史家として発言したいと思います。なぜなら、現在の行動の至る所に過去が上書きされているのを見るからです。「対テロ戦争」はその全てを「歴史の習慣」に依拠しているのです。

はじめに「覇権の習慣」(habits of hegemony) です。この「習慣」を断ち切るのは著しく困難です。アメリカが長く世界に指導権を振ってきたから、というわけではありません。むしろアメリカ覇権の時代――ヘンリー・ルースが一九四一年に宣言したところの所謂「アメリカの世紀」――は実際短いもので、たかだか半世紀ほどです。第二次世界大戦以来五〇年間、アメリカは「自由世界のリーダー」として振る舞いつつ、一方で、アメリカ史のはじまり以来存続している、世界に対する根本的な矛盾感情を抱いてきました。アメリカ人はいつも自国の例外主義については確信的でしたが、その特別な「運命」をまっとうする最適な道については常に不安をかかえていました。アメリカはその他の (劣等な) 世界から自らを分離しておくべきなのか、それとも (より非文明的な) 国々を救うために干渉をすべきなのか? アンダース・ステファンソン (Anders Stephanson) が小振りながら力強い著書 (*Manifest Destiny: American Expansion and the Empire of Right*, Hill and Wang, 1995.) で論じているように、アメリカが第一次世界大戦の到来とともに「世界に落ちてゆく」まで、ほとんどの場合「分離」が優勢なのです。

冷戦の間、アメリカがその巨大な力を共産主義者を「封じ込める」ための世界規模のはたらきかけにつぎこんでいる時にも、一般のアメリカ人の関心はむしろ国内へと向けられていました。アメリカの政治家全員がよく知っている通り、対外政策では選挙票を得ることはできないのです。この傾向は冷戦終結後ますます顕著となりました。ブッシュ前大統領は湾岸戦争に「勝利」して選挙では敗北し、反対に常に政治家としての姿勢を崩さなかったクリントン元大統領はボスニアからソマリア、コソボに至るまで、外交的「もつれ」から出来るかぎり遠ざかっていました。デイヴィッド・ハルバースタム（David Halberstam）の最近の著書（*Waging War in a Time of Peace*, Scribner, 2001.）は、アメリカが一九九〇年代にいかにおどおどしながら、しかも非効率的に覇権国として振るまったかを明かにしています。例えばルワンダの場合のように「人道的介入」さえ失敗し――もう一つ別の最近の著作（Samantha Power, *"A Problem from Hell": America and the Age of Genocide*, Basic Books, 2002.）から引用するなら――アメリカは「民族虐殺の傍観者」となってしまったのです。

これらの「覇権の習慣」と矛盾感情は、最近のアメリカの単独行動の際立った例――武器規制条約の撤廃、京都議定書批准の拒否、国際犯罪法廷への拒絶反応など――を裏うちしているのです。別の言い方をするなら、アメリカは、まるで自分が本当に「ローン・スーパー・パワー」であるかのように、思いのままに世界に干渉し、また撤退するのです。

しかし、アメリカは「ローン・スーパー・パワー」ではありません。それに、わたしたちは一極的世界に住んでいるわけでもないのです。ソ連の崩壊は、二つの超大国のうちの一つが引き算されて残りの一つ、つまりアメリカがスーパー・パワーとして残るというような、2－1＝1というグローバルな計算にはなりません。どの国も、現在の時点で超大国の条件を満たすような、世界中を網羅する支配力など保有していないのです。アメリカの軍事力は巨大で殲滅的なものとしてありつづけるでしょう（もっとも、ポスト・スター・ウォーズ時代の今日、どれほどの常識はずれな規模のミサイル・シールドも九月一一日のような攻撃を防ぐことはできないでしょうが）。経済力は北の豊かな国の間で分かち持たれています。そして、これらG7サミットに集まってくるごく少数の国の集団は、お互いの間だけでなく「もたざる」南の国への相互依存度をいよいよ増しています。政治力もアメリカ一国に掌握されているわけではありません。それは世界の広範囲で聴かれるアメリカの政治方針への批判からもよく分かることです。

「覇権の習慣」を変えるには時間がかかります。帝国崩壊後の状況にイギリスが適応するまでどれほどかかったかを考えてみてください。さらに、「新世界秩序」をうちたてるのは簡単なことではありません。しかし、世界は変化しています。例えば国際犯罪法廷はアメリカが賛成しようがしなかろうが設立されるのです。そして、最終的にはアメリカさえも、多国間主義の方向へと動いていかざるを得ないのです。問題は、そのような変化がどれほど早く起こるか、です。

「北の習慣」

グラック 二つ目は「北の習慣」(habits of the North) です。これは、どうしてアフガニスタンとの戦争が「対テロ戦争」の第一歩であったのかを説明するのに役立つでしょう。皆が、九月一一日を境に全てが変わった、と主張しても、もちろん全てが変わったわけではありません。変らなかった重要なものの一つに、豊かで力のある北の国々と、貧困で、「公的権限を与えられていない」(unempowered) 南の国々との格差があります。これは姜先生がアメリカには他者に対する認識が欠落している、と指摘された折りにふれておられたことです。帝国主義の長期に亘る遺産が今日の南北関係に刻み込まれているのです。

九月一一日のテロリストの攻撃は、アメリカ政府に、共産主義の倒壊以来初めてはっきりと名指しできる敵を与えました。レーガンの「邪悪な帝国」はブッシュの「邪悪な」アルカイダに差し替えられ、「対テロ戦争」は、九〇年代のクリントン政権下の「臆病な」戦争には欠落していた正当性を軍事行動に与えました（湾岸戦争はもっと古い言葉で、つまりブッシュ前大統領が早速にサダム・フセインをヒットラーと引き比べ、〝イラクのクェート侵略〟のためという風に正当化されました）。今回のこの新しい正当化は国内政策としてアフガニスタンとの戦争を政治的に可能にしました。テロリズムがアメリカ人投票者の内向的傾向を圧倒して、軍事的関わりとその危険性《リスク》よりも干渉を選択させたのです。最もこの場合、干渉は防衛であり報復であると理解されたわけですが。

アメリカ人は次のように戦争への圧倒的な支持を表明しました。これは対テロ戦争だ、決してイスラームに対する戦争ではない——政府を含めてだれもが最初からこの点を明確にしました。またこれは姜先生が言うように「文明の衝突」でも、人種差別的戦争でもありませんでした。例えばビン・ラディンがウラル山脈のどこかのホラ穴に潜んでいるとしたなら、これ程簡単には戦争にはならなかったでしょう。アフガニスタンとの戦争がロシアとの戦争より簡単な理由は、人種差別というより、地政学、そして「北の習慣」（あるいは古い言い方をするなら「西欧の習慣」）をうみだしている発展途上国と先進国との間の構造的な力の不均衡にあるのです。

この同じ不均衡がアメリカとソ連の間の冷戦を——一方で朝鮮、ヴェトナムそしてアフガニスタンを含めて第三世界の至るところで熱い代理戦争を戦いつつも——冷たいものに保ってきたのです（一九八〇年代にソ連がアフガニスタンに侵攻しアメリカがムジャヒディーンを武装させる以前にも、一九六三年に「援助」や空港建設を通してアメリカとソ連がアフガニスタンで競り合っているのをこの目で見ました。当時まだナイーブな若いヒッチハイカーだったわたしにも、二つの超大国のいずれもがアフガニスタンという国のこともその国民のこともほとんど気に掛けている様子のないことははっきりしていました)。同じく、今日の、いわゆる先進工業国にとってアフリカをほとんど見えないものにしているのもこの力の不均衡です。全くのところ、アメリカ人は、スーダンやソマリアの行く末について、対テロ戦争がこれらの国々で起こっていたら、ということについて、タリバーン後のアフガニスタンの将来について考えるのに比べてどれほど関心があるのか、わたしには疑わしいかぎりです。偏見、文明的傲慢さ、そして人種差別はこうした状況の一部ではありますが、力の不均衡が全体的な枠組なのです。

「国民国家の習慣」

グラック 三番目に「国民国家の習慣」(habits of the nation) があります。これは恐らくすべての「習慣」のなかでも最も深く擦り込まれたものでしょう。姜先生は、一般のアメリカ人はこの戦争についてなんと感じているのか、と質問しておられました。最も単純な答えとしていえることは彼らは自分たちの国が攻撃されたと考えている、ということでしょう。九月一一日のテロは、ほとんど瞬間的に国家的災難として仕立て上げられました（暫くの間だったとはいえ、国旗より人間が関心の中心であったニューヨークは少し例外的でした）。テレビでは「世界貿易センターへの攻撃」という見出しがすぐに「アメリカへの攻撃」（Attack on America）という見出しに取って替わられました。パール・ハーバーに引き比べる不適切な比喩も時をおかずに――事件後三〇分以内に――現れました。そして瞬く間に誰も彼もが、映画俳優からヘンリー・キッシンジャーに至るまで、パール・ハーバーを引き合いにし始めました。そこへ現れたのが解決のレトリック、愛国主義、――どこまで数えても数え終わらないほどの――国旗、そして「挑戦されたネイション」というナラティブ――それは『ニューヨーク・タイムズ』紙の戦争とテロに関する特集セクションのタイトルでもあったのですが――だったのです。

世界規模のテロを国民国家化すること自体も世界的な現象でした。ほとんどの国はこの出来事をナショナルな枠の中でとらえました。日本も例外ではありません。事実はといえば、グローバリゼーションの力に反して、わたしたちはいまだに国民国家の世界に暮らしているということです。国民国家は国家の利害、国家安全保障、そして国家権力を基準に運営されます。九月一一日後にアメリカが組織しようとした同盟でさえ、アメリカを軸にした二国間でリーダー同士がそれぞれの国の利害を追求しながらのネゴシエーションの寄せ集めでした。それは昔ながらの外交手段であり、世界規模のテロリズム網に対抗して集合的、協力的に闘うための相応しい方法ではないのです。

ところが、世論調査が示すように、アメリカ人の九一パーセントが軍事行動を支持すると同時に、九五パーセントが「多くの国々が協力して」テロリズムに対抗しなければならないと信じています。八四パーセントが国連の役割を本質的なことと考えていますし、五〇パーセントがもしオサマ・ビン・ラディンが逮捕されたら国際的な犯罪法廷で裁かれるべきだと考えています。これは明らかにブッシュ政権の見解と違う点です。テロに対抗する非軍事的手段、例えばテロリストの資金源を断つ、反テロ諜報活動能力をたかめる、また国際法を強化するなどの手段を支持する意見も軍事力行使への支持と同じほど強いものです。民間人死傷者に関する懸念も世論調査にはっきりあらわれています。姜先生が言及された、ジョージ・ケナンの「民間人の大規模な殺戮をもたらす行為」への警告は先の冷戦時代に属するものでしょう。もちろん、ほとんどのアメリカ人はカブールやカンダハールでの死傷者数の実際については知りません。それはちょうどイラクでの民間人の犠牲者数を湾岸戦争が終わるまで知ることがなかったのと同じです。しかし、現在の国民的同意――と旗を振りかざす行為――はこの「対テロ戦争」が展開するにつれ薄れていくものとおもわれます。「国民国家の習慣」が消えてゆく、というのではなく、むしろアメリカ人の中でどこに本当の「国家の利害」があるのかについて論争が始まるでしょう。もしも、その答えが「多国間協力」だとしたらそれは確実に状況を改善することでしょう。

「批評の習慣」

グラック 四番目は「批評の習慣」(habits of critique) です。わたしたちのような批評家にとっては、現状の「対テロ戦争」によってうみだされた人間と社会の惨劇を見つめることは実に容易だということです。歴史家として、現実の中に現れている「覇権の習慣」、「北の習慣」、「国民国家の習慣」をわたしがこうして指摘することは実にたやすいのです。しかし、批評だけでは十分ではありえません。現実に変化をもたらすことも必要なのです。信念を語るだけでなくそれを実践しなければなりません。わたしの場合は、例えば国際犯罪法廷でテロリストを人道に反する罪で裁くこと、わたしが考えるところの「先進国ナショナリズム」——日本もアメリカもこれにそまっています——に対抗すること、そしてさらに、北だけでなく南の国をも支援するような世界規模の関係づくりを促進することなどです。この「批評の習慣」を断ち切らないかぎり、わたしたちは今まで話題としてきた問題の、解決ではなくその一部、つまり、未来ではなく過去の一部でしかない、ということなのです。

帝国としてのアメリカとソ連

和田 今年はどういうわけか、わたしは年賀状を出せなかったので、誰にも“Happy New Year”とは言っていないのですが、ニューヨークからのグラック先生のご挨拶に心からの声で和し、よき年への願いをともにしたいと思います。

グラック先生の全体的な分析は重要な問題をあざやかに三つの次元から切開したもので、説得的です。そして、この三つの「習慣」も変化していく、ついにはこわれ、新しい何かに変わるだろうというご判断もおそらくその通りだと思います。そして、それを早めるには、「批評の習慣」という第四の「習慣」をまず断ち切って、実践的に踏み出すことが重要だ、それがあとの三つの「習慣」を変えることにつながるというご指摘も正しいと思います。

わたしは、まず各論的に先生の「習慣」論のうちの第三、「国民国家の習慣」ということについて、少し意見を述べてみましょう。

わたしはロシア史の研究者として、まずソ連に何度か行きました。一九七八年から七九年にかけてはソ連に一年滞在して、帰ってきてから、一九八二年にアメリカをはじめて訪問したのです。ソ連では、見たい文書も見せてくれないので、とても残念な思いもありましたので、アメリカに来て、国立文書館の前に立って、その入り口に“Eternal vigilance is the price of liberty”（永遠の監視が自由の代価である）と書いてあるのに、感激しました。アメリカ民主主義のエッセンスがここにあると思いました。つまり、政府の行動を政府の文書を読み、検証することによって、政府の横暴を抑えることができる。それなくして、自由は守られないという考えです。そのような考えは、共産主義イデオロギーにはありません。このあたりで完全にソ連体制は劣位に立っていると感じられました。

しかし、わたしを驚かせたのは、アメリカとソ連の類似点、日本との相違点です。革命から生まれた人工的国家、多民族が共生して、一つの原理、イデオロギーで結ばれている国家、国家が不断に自己確立し、アグレッシブな国家、そして理論的にはかぎりなく膨張できる国家――これがソ連で一年暮らしてみてきたソ連国家ですが、おなじものをアメリカの四〇日の生活の中で見ました。最後の点を少し説明すれば、アメリカが移民の国で、今日も移民を受け入れるのに熱心だということはよく知られていますが、ソ連の最初の国名案は「ヨーロッパ＝アジア・ソビエト社会主義共和国連合」だったことを想起して下さい。革命が成功した国はかぎりなく、ソビエト連合に入ってきてほしいというのがタテマエです。

というわけでソ連は国民国家ではありません。だからあり方は革新された帝国といったらいいでしょう。アメリカもまたいかなる意味でも国民国家ではなく、革新された帝国に近いのです。二〇世紀の歴史は帝国の崩壊の歴史で、帝国が崩壊すれば、一ダースもの国民国家が生まれると考えられてきました。そしていまや国民国家の時代がおわり、国民国家を越えていくというところで、帝国の経験を再認識するという志向が歴史家の中にもあります。しかし、革新された帝国はもっとも強力な国家と思えます。

わたしが先生の「国民国家の習慣」というまとめにすこし違和感を感じたのは、この点からです。八割から九割の人々が政府の進める軍事作戦を支持するということは、「国民国家」ではない「国家の習慣」によって説明されるべきであるように思います。

知識人と〝現実〟

和田 さて意見をのべたい第二点は、先生の議論の構成についてです。三つの「習慣」があり、それが大きくアメリカ人をとらえている、しかし、その「習慣」は大きな目で見れば、変わって行くし、変わらざるを得ないだろう。その展望と結びつけて、第四の「習慣」をやぶることを提起するという、見事な構成です。わたしは、平和問題談話会の意見書を丸山真男が用意したときのことを思いました。丸山は朝鮮戦争のさなかに、朝鮮戦争については何もふれずに、米ソの対立と冷戦を論じ、これが平和共存に向かわざるをえない趨勢であるとして、その流れにこそ自分たちは結びついていくとして、非武装中立、全面講和を主張しました。横田基地からB29が飛び立って、北朝鮮軍と北朝鮮の全土を爆撃しているのですが、そのことに目を向けてコミットすれば、支持するか、反対するかの選択を迫られます。そこを越えて米ソ対立に目を向けた平和問題談話会の立場をわたしはユートピア的平和主義だと呼んでいますが、それは決してこの立場を低める意味からではありません。わたしもそこから出てきましたので、これを否定したら、わたしたちの出自が消えてしまいます。あの時代に時代の現実にのみこまれず、現実の外に出て、批判のポジションを立てたのは、知識人としての選択であったと思います。

だが、日本では、いまはこの生き方ではやっていけないのではないかと考えています。現実の中に入り、現実の中に批判的で、改革的なポジションを占めなければならないと考えています。

その時々の選択の積み重ね

和田　ここで、先生の議論の構成にもどりますと、「習慣」の力、その変化の趨勢の間で、わたしはその時々の選択の積み重ねという要素を入れて考えるべきではないかと思うようになっています。アメリカの戦争の歴史を考えてみましょう。日本との戦争は別に置くと、次の戦争は朝鮮戦争でした。わたしはいまこの戦争に関する二冊目の本を出版するところですが『朝鮮戦争全史』岩波書店、二〇〇二年三月刊）、ご承知の通り、あの戦争は、アメリカの勝利に終わらなかった最初の戦争で、"an fogotten war" と呼ばれてきました。あの戦争についての記念碑がリンカーン記念堂の右前方にできたのは実に開戦四五年後の一九九五年のことでした。そこには "Freedom is not free" と刻まれています。アメリカはあの戦争で、韓国を守ることは出来ました。しかし、韓国はその後長く民主主義とは無縁の国でしたので、共産主義から自由を守ったと胸を張れない状態が長くつづいたのです。ようやく一九八七年韓国が民主化して、アメリカがあそこで戦ったからこそ、今日の韓国の民主主義があると言えるようになりました。「戦争メモリアル」(War Memorial) ができたのは、このことと関係があるとわたしは見ています。

ところで、戦争の半分は北朝鮮に攻め込んで、これを壊滅させ、あたらしい民主的な政権を擁立するための戦争でした。これは中国との戦争になり、失敗に終わりました。この戦争は全体として、アメリカをひどく変え、『トルーマンと韓国』(*Truman and Korea : the Political Culture of the Early Cold War*, University of Missouri Press, 1999.) の著者ピヤーパオリ (Paul G. Pierpaoli, Jr.) が述べているように、米国を冷戦軍事国家にしたわけですが、それは別として、朝鮮戦争での巻き返し戦略への再検討、アジアの共産主義的ナショナリズムへの軽視の反省が戦後に生まれなかったことが、次の悲劇、ヴェトナム戦争をもたらしたわけです。

半分は意味があった朝鮮戦争と違い、ヴェトナム戦争は全面的な愚行でした。犯罪と言ってもいいと思います。しかし、ヴェトナム戦争はまた大いなる覚醒の時でもありました。あの戦争の中でアメリカ人が見せた自己反省の力は偉大でした。ヴェトナム戦争は三十歳のわたしにとって、人生の一部でもあります。先生にとってもそうだろうと思います。

あの戦争の中で多くの美しいアメリカ人とはじめて知り合いました。徴兵拒否をして亡命した活動家がわたしたちの活動のカウンセラーになっていました。ヤン・イークスという青年はいい人でしたが、いまは消息不明です。メリノルの神父もカウンセラーをしていましたが、彼が銀座のソニー・ビルの前で、「いまアメリカ人であることは恥ずかしいことだ」と苦しげに言ったのをいまも覚えています。わたしたちが出版を手伝った反戦ＧＩ新聞を編集していた黒人兵は赤玉・ポートワインが好きな、おとなしい人でしたが、ペンネームにはチェをえらびました。言わずと知れたキューバのゲヴァラです。戦争の中でアメリカの中に動いた力は大変なものでしたが、戦争がおわると、それが消えていったようにみえました。日本でもヴェトナムがカンボジアに攻め込むと、わたしたちは首を振って、ヴェトナムのことを考えなくなりました。

チャンスを逃したアメリカ

和田　ヴェトナム戦争が終わってから、今年は二七年になります。今年アメリカがヴェトナム戦争について何らかの立場を表明することはなさそうです。日本は八・一五の敗戦から二七年たった一九七二年に中国に対し、「日本国は、過去において日本国が戦争を通じて中国国民に重大な損害を与えたことについての責任を感じ、深く反省する」と表明しました。日本は過去の清算についても、“too late, too small” だと非難されています。しかし、その日本よりアメリカの反省がおくれることはアメリカに大きな問題を投げかける点です。

なぜアメリカがヴェトナム戦争の記憶から逃げ出して、先生の言われる「歴史の習慣」に身をゆだねるようになったのか、ここが大きな問題です。アメリカ軍とアメリカ政府は、ヴェトナム戦争から教訓を引き出し、戦場からジャーナリストをしめだし、戦死者をへらすために戦争を自動化することを推進しました。湾岸戦争はその最初のテストケースで、成功を収めました。ブッシュ大統領シニアが湾岸戦争の勝利でヴェトナムのトラウマを消すことができたと演説したのを覚えています。

アメリカ人はポスト・ヴェトナムのチャンスを逃してきたのではないでしょうか。大きな「習慣」の変化の趨勢の中で、国民の意識は部分的には逆転をみせているとも言えそうです。そういう国民にどういう問題提起をしていくか、そこが「批評の習慣」を破るときの問題です。

「北の習慣」が見えなくするもの

姜 グラック先生、先般は先生のご発言から多くのことを学びました。「歴史の習慣」(habits of history) とは、まさしく言いえて妙ですね。

ブッシュ・ジュニアは、昨年の九月一一日で世界は変わったと宣言しましたが、先生がご指摘になるとおり、「歴史の習慣」から脱しきれていない世界の現実をあらためて思い知らされた気がします。

わたしが、九月一一日以降の事態で感じたことは、アフガンや中央アジア、さらにイスラーム世界について自分がほとんど無知に等しいという現実を突きつけられたばかりでなく、「汝自身を知れ」ということでした。つまり、自分の属している日常の世界、その「文明」のことです。わたしはエスニックな帰属で言えば、日本の中のマイノリティでしょうが、「文明」という単位からすれば、明らかに「北」に属しています。旧宗主国であった日本とワールドカップを共催する韓国は、分断国家というハンディはあっても、歴とした「北」の有力国のひとつですし、日本は言うまでもありません。その意味ではエスニック・マイノリティとはいえ、わたしも「北の習慣」にどっぷりと漬かっていたわけであり、また今でもそうでしょう。その意味でイスラームについてもっと知る必要があることは間違いありません。ですが、それ以上にわたしが痛感したのは、まさしく「北の習慣」によって見落とされてきた自分たちの「文明」について知ること、それは翻って「汝自身を知れ」ということだと思います。その場合、そうした「文明」――この用語をわたしはあくまでも括弧つきで使いたいと思います――のトップランナーにいて、常にその「前衛」を代表してきたのが、「アメリカ」であることは疑いありません。したがって、「汝自身を知れ」ということは、「アメリカを知れ」ということであり、「アメリカ」に居住している人々は言に及ばず、その外にいる人々にとって「アメリカ」とは何であるのか、この緊要であるとともに、複雑な問いに答えなければならないと痛感しています。

「複雑な問い」と申し上げたのは、それが問いを発する人々の「ポジショナリティ」(positionality)によって万華鏡のように変化せざるをえないからです。日本と韓国でも違っていますし、まして や日本と中南米や西アジアとでは、「アメリカ」のイメージはかなり異なってこざるをえないでしょう。もちろん、このことは、先生のお考えでは、それこそ「アメリカ」を「例外」とする先入観のなせるわざとお思いになるかもしれません。

国内向けの演技としてのアメリカ外交

姜 しかしやはり依然としてその「アメリカ」が与える影響力は地球上の他の諸国とは比べものにならないほど大きいはずです。もっとも、先生が「覇権の習慣」としてご指摘になっているように、「アメリカ」は世界に関与する場合、何か不動の原理や戦略、また断固とした決意のもとにその対外政策を推進したわけではありません。にもかかわらず、わたしには、やはり「アメリカ」とは何であるのか、それを知ることが重要であると思われて仕方がなかったのです。そしてもっと重要なことは、いみじくも先生がご指摘になられているように、「アメリカ」の国民が自分たちの「国家の利害」(国益) とは何であるのかについて思考をめぐらすことです。この作業は、「アメリカ」国民が、「汝自身を知れ」の原則にそって内省的な作業をどこまで推し進め、それを共有し合っていけるのか、という問題とかかわっていると思います。

その点で気がかりなことは、先に言及したケナンが批判しているように、「アメリカ」の世界とのかかわり、その対外政策とその実際の効果についての判断が、国内政治に与える効果に対する関心によって左右されてきたのではないかということです。つまり、「アメリカ」の外交は、その国内政治の視聴者の前で演じられる演技の連続に堕してしまう傾向があり、このことが、「アメリカ」の対外関係に及ぼす衝撃に対して往々にして二次的な配慮しか払われてこなかった結果になってしまっているというわけです。もちろん、すでに「アメリカン・デモクラシー」についてトクヴィルが指摘していることですが、国内的配慮に基づいて外交政策問題を決定する傾向は、デモクラシーの本質から生じる面が強いと思いますし、その意味では「アメリカ」の問題は決して「アメリカ」だけに固有の問題ではありません。しかし、とくに冷戦終結以後、「リベラル・デモクラシー」が究極の政治的な原理と制度であり、それを「アメリカ」が体現していると自他ともに認めている現実においてケナンやトクヴィルの指摘は、「アメリカ」の政治制度の形態の根本的な特徴ともからんで深刻な問題をわれわれに提起しているように思えるのです。それは、民主主義に対するかなり深刻な懐疑の念をおこすことになるからです。少なくともわたしの周辺にいる政治学者たちや他の分野の研究者たちはそのような懐疑と闘うことに悪戦苦闘しています。

わたしがこのような問題を指摘するのは、例えば、ハンチントンのような「文明の衝突」といったメッセージが、実際には、「アメリカ」国内の民族やエスニシティ、宗教や人種、さらには文化やアイデンティティの複雑な相克を外側の世界に投射した自己中心的なイメージのように思えて仕方がないからです。手元の文献で確認できないので、やや不正確になるかもしれませんが、ハンチントンは、『フォーリン・アフェアーズ』に発表したある論文の中で「多文化主義」を新手の「カルト」的なイデオロギーだとこけ下ろしていました。それらは、「アメリカ」の「真の国益」とその「正統的な」伝統を混乱させ、「アメリカ」の分裂を促す撹乱要因であるとみなされているのです。彼のような言説が、九月一一日以降の「アメリカ」で支配的な世論を形成しているのではないかとおそれます。もっともグラック先生は、世論調査をみるかぎり、国民の中には軍事制裁一辺倒ではない意見がかなり有力になっているとご指摘されていますが、太平洋を隔てた「極東」の島からみると、どうしてもパトリオティズムの過熱状態の中でかつてのマッカーシズムの時代のように、自分たちの自由の領域を閉塞化させるだけでなく、他国にもそれを強要しかねない雰囲気があるように見えるのですが、どうでしょうか。そしておそらく、こうした現象は、過去に遡ってアジアにおける冷戦を「熱戦」に転化させた朝鮮戦争や対中国封じ込めの時代にも形を変えて現れていたのではないでしょうか。マッカーシズムの時代とアナロジカルに見るのは乱暴な類比でしょうが、ケナンが懸念したような現象が見られたと思いますし、それは「アメリカ」の朝鮮戦争への介入や対中国政策にどのように反映されることになったのでしょうか。こうした疑問は、「東北アジア世界」にとって「アメリカ」のプレゼンスとは何なのか、またそれぞれの国々や地域でそのイメージがどのように違うのか、またそれはなぜなのか、こういった問題ともかかわってくると思います。「アメリカ」が今後、われわれが望むような多角的な国際的協調主義の基本的な理念にそってグローバルな問題の解決に向かっていくためにも、そのような歴史的な検証が必要だと思います。

以上のようなわたしのコメントについてまたグラック先生にお考えをお聞きしたいと思いますが、その前に和田先生から是非ともここに指摘しましたような問題についてお話をいただきたいと思います。先生は朝鮮戦争に関する、決定版とも言えるような大著を出される予定ですが、それともかかわる形でお考えを披瀝していただければありがたいと思います。

和田 ヴェトナム戦争のことをすでに述べましたので、歴史を遡っていくことになりますが、中国革命の勝利から朝鮮戦争にかけての時期のアメリカについてもう少し述べてみましょう。

アメリカは日本の侵略を受ける中国人に同情的でした。そもそも開戦前夜のハル・ノートにしても、中国より日本の一切の兵力を引き上げることを要求したものでした。蒋介石政権との関係が基本でしたが、一九四四年になると、スティルウェル将軍の派遣する軍事視察団が延安を訪問しました。その一員であった国務省のジョン・サーヴィスは中国共産党に好意をよせ、その客である日本共産党の野坂参三にも同様の態度をとりました。おくれてついた国務省のエマーソンもまったく同じ態度でした。蒋介石政権はまったく腐敗しており、それにひきかえ、毛沢東ら共産党員はぼろは着ていても、その精神には光があると彼らは見たようです。

日本降伏後、中国で国共内戦がはじまり、中共側はアメリカがいつ出てくるかと緊張していたのに、ついにアメリカはこの内戦には干渉しませんでした。ソ連との冷戦がはじまっていて、中国というこの巨大な世界が共産主義者に握られるという危機にもかかわらず、アメリカの態度は基本的には冷静であったと見ることができます。もちろん、中国はしかたがないが、日本は絶対に共産主義者に渡してはならないという立場が、一九四八年のNSC13／2で打ち出されます。それでも中国内戦に対するアメリカの態度は抑制されたものでした。

民主化は終わらせられ、経済復興のために共産党と労働組合に対する攻撃がはじまります。それでも中国内戦に対するアメリカの態度は抑制されたものでした。

それが朝鮮戦争になると、決定的に変わります。北朝鮮軍の攻撃はソ連の侵略の「矛先」と認定され、「グローバルな戦略」のあらわれで、「朝鮮の戦争」ではないということになります。これはカミングスが引用するアチソン国務長官の言葉です。ただちに米第七艦隊は台湾海峡に派遣され、インドシナでのフランス軍とベトミンの戦闘への支援が決定されます。

朝鮮人が自分たちの意思で米ソがかたくコントロールしている三八度の分割線に挑戦できるはずはない。彼らが行動したとすれば、モスクワの命令をうけた傭兵としてだという考えだったのでしょうか。アメリカが庇護している李承晩大統領が北進統一をやりたい、やりたいと言っていることなど、アメリカは問題にしていなかったということでもあるわけです。軍事的手段、戦争という手段を使って悲劇を生んだのですが、そこに帝国主義に踏みにじられてきた民族の統一民族国家をつくりたいという願いがこめられていることは否定できません。中国革命をみとめたアメリカは朝鮮人のこころは理解しませんでした。

そうしてはじまった朝鮮戦争はアメリカを大きく変えました。先ほどふれたピヤーパオリは朝鮮戦争がアメリカの国家と社会にもった意味についてもっとも鋭く分析している学者です。彼は、朝鮮戦争が、朝鮮半島の人々にとってのみではなく、「アメリカ国民にとっても一大分水嶺であった」とし、アメリカの対外政策、国家安全保障政策、軍事政策、そして国内政治に大きく影響したと述べています。「アメリカの対外政策において、朝鮮戦争の衝撃はどんなに評価しても過大評価にはならない」と言っています。

アメリカは朝鮮戦争によって世界的な軍事超大国になりました。軍事費は戦前のGNP六パーセントから一九五三年には一八パーセントに増加しました。兵力は三五〇万に達しましたが、これは朝鮮戦争開戦時の二倍です。戦争と軍事化の影響は国内政治を変えました。まさに朝鮮戦争の中でマッカーシイズムが全面的に開花したのです。延安に行って、中国共産主義者に好意をみせたサーヴィスやエマーソンらが共産主義の同調者として告発された「アメレーシア事件」があります。ハーバート・ノーマンの悲劇もおこりました。姜さんが言われるように、マッカーシイズムの中では国民すべてに共産主義者を見つけだし、告発する義務があるかのような雰囲気が醸成されたのです。

朝鮮戦争にアメリカは勝利したと言えない不本意な形で戦争が終わりましたが、もちろん反省はありません。だからこそヴェトナム戦争へと突っ込んで行ったわけです。ところが朝鮮戦争がつくりだした国内体制、国際的地位とヴェトナム戦争がつくりだした国内状況、国際的な評価はまさに一八〇度の違いです。ヴェトナム戦争では深い反省が生まれました。

ですから、朝鮮戦争はヴェトナム戦争を生んだわけですが、ヴェトナム戦争は湾岸戦争もアフガン戦争も生まなくてもよかったはずです。その意味で、ヴェトナム戦争後に失われたチャンスはあまりに大きいと言えるのではないでしょうか。

覇権にいかに対抗すべきか

過去に向きあうことと現実に向きあうこと

グラック 和田先生、抽象的な事柄を具体的な形にしてくださってありがとうございました。それは、変化をもたらすための最初の一歩としていつも欠かせないことです。「現実的」(real) な選択を現実の文脈の中で行う——それが批評そのものなのだと考えます。和田先生はここで厳しい問いかけをなさいました。その問いかけに対するはっきりした答えはわたしには提示できないと感じていますが、ここでは、簡潔に、わたしのできるかぎりの応答をさせてください。

まず、和田先生とわたしの国民国家についての定義にそれなりの相違はあるにしても、アメリカが「帝国国家」(imperial state) である、という点には全く同意します。しかもアメリカはソ連の出現以前からもずっと帝国としての行動を取ってきました。しかし、和田先生がおっしゃったように、二〇世紀の終わりまでに古い帝国は姿を消しました。あるいは、ハートとネグリの『帝国』(M. Hardt and A. Negri, *Empire*, Harvard University Press, 2000.〔水嶋一憲・酒井隆史・浜邦彦・吉田俊実訳『帝国』以文社、二〇〇三年〕) の言葉を引くなら、帝国は姿を消したのではなく、ただ違った形、つまり帝国主権下のグローバルな空間で「ネットワーク・パワー」によって機能しているのだ、ということもできるでしょう。軍事力と「習慣」の力がアメリカをグローバルな空間の主役に仕立てあげているのです。もっとも、最近のアメリカの行動は、新しいネットワーク・パワーよりも古いヘゲモニー (覇権) によっているのですが。

次に、今日という現実の文脈の中でわたしたちはいったいどんなリアルな選択肢を提示することができるか、ということです。和田先生が指摘されたように、アメリカは朝鮮戦争からは何の教訓も得ませんでした――そこでのアメリカの役割を忘却する以外には。ヴェトナム戦争 (実際、アメリカはちゃんと記憶しているのです) からはしかし、間違った教訓しか引き出していません。そ

だと考えているかぎり、より良い選択をすることへの希望はほとんど生まれてこないでしょう。
ら議論を立てることがより良いのです。アメリカ政府と市民が軍事行動を「悪」にたいする「聖戦」
いうひとつの大義に立ってではなく、むしろ失われる命と人間の苦しみという数かぎりない結果か
はイラク？どこが次の標的になるか……）というケースについて、グローバルなテロと闘うため、と
を警戒しなければなりません。それよりも、アメリカ人に対しては、アフガニスタン空爆（あるい
争」も、こうした歴史的に危険な「一つの大きな理念」(One Big Idea) と同じ響きをもっていること
ロに対抗する戦争〟――を掲げるのは止めた方がいい、ということです。そして今日の「対テロ戦
――大東亜共栄圏であるとか共産主義から世界を救うだとか、あるいは今日のことで言えば〝テ
　現状においてもしわたしたちが過去から学ぶことがあるとすれば、それは「大義」(Grand Cause)
名の下に新たな苦しみをもたらすことを回避できるかということです。
ということの認識が足りません。しかし、いまここで問題なのは、どうやったら反テロリズムの
大東亜戦争やアメリカ帝国の「冷」戦が韓半島やヴェトナムなどにどれほどの苦しみを与えたか、
では、日本もアメリカもどちらもろくに過去とは向き合っていないと思います。つまり、日本の
だけを奪うような外科手術的な攻撃による干渉か、二つに一つ、という選択です。わたしの考え
れは、軍事的関与の回避か、あるいは、湾岸戦争のようにアメリカ人の命を犠牲にせずに敵の命

イデオロギーの絶対主義

グラック　姜先生にこの点について、ずいぶん議論を掘り下げてくださったことに感謝します。わたしも、世界を黒か白かという視点から考え、また取り扱うというアメリカの「習慣」について、姜先生同様の懸念を抱いています。もしも今日の「反テロ」という大義が過去の「反共産主義」という大義と同じ類いのものになるというのであれば、正当化不可能なあらゆる形の行為がその大義の名のもとに正当化されることになる恐れが大きいと思います。だからわたしは、国内でいとも簡単に愛国主義を扇り、また国外で横暴を働く「大きな理念」(Big Idea) に対して反対の論陣を張るのです。アメリカ人は、ひとつひとつの個別の問題、つまり遠いどこかの国に爆弾を落としに行くということでも、国内で市民権を制限するということでも、それぞれの問題自体と向き合うことをしなければなりません。それらのことは決して「テロに対する戦争に勝利するため」という大風呂敷の投影の一環として論じてしまってはならないことです。

こうした視点から、わたしはアメリカの多民族性は、「文明の衝突」などという「大きな理念」に抵抗する潜在的な味方であると主張します（余談になりますが、一九九〇年代の文化論争の中で殊に重要な「多文化主義」という概念は、アメリカのナショナル・アイデンティティの、敵ではなく前提であるところの多民族主義とは別物であることを指摘しておきます）。アラブ系アメリカ人や在米のイスラーム教徒が、彼ら自身のために展開したここ数カ月の政治行動の理念を考慮してみてください。彼らの言説はきわめてはっきりと文明やあるいは宗教の衝突という物言いを退け、そうした大声で叫ぶことが容易な十把ひとからげのイデオロギーを好む者に難題を突き付けました。アラブ系アメリカ人のグループだけでなくその他の多くの者が第二次世界大戦中の日系アメリカ人の強制収容を過去の教訓として今回の戒めとしなければならないことに頻繁に言及しました。彼らはまた、「ムスリムはだれもかれもみなアルカイダだ」といったレトリックに対抗して、イスラーム国家間やイスラーム教信者内部における多様性を主張しているのです。要するに、ハイフンつきのアメリカ人が体現している多様性はアメリカの対外政策を、国内においても国外においてもイデオロギーの絶対主義から通ざけるよう促すものなのです。

〝大義〟と〝理念〟の暴力

姜　グラック先生、今度も心に沁みるようなメッセージをいただきありがとうございます。グラック先生の言葉には、九月一一日以降の出来事に対する歴史家としての矜持があふれていました。

先生のおっしゃると通り、われわれは今、「大義」（Grand Cause）あるいは「大きな理念」（Big Idea）の暴力と恐怖、不安のるつぼのなかに投げ出されているようです。先生のおっしゃるように「イデオロギーの絶対主義」の呪縛から解き放たれるためには社会の「多様性」（diversity）が不可欠ですし、それはまた歴史や記憶の多様性にならなければならないと思います。その意味で言えば、わたしは、「帝国国家」（imperial state）としてのアメリカが、その建国以来の歴史をどのような多様性の語りとさまざまな異質な集団や個人の記憶において再構成できるのか、アメリカ史そのものの再構成がカギになると思います。

それにしてもアメリカほど、その建国の歴史以来、世界のさまざまな地域や民族、文化と繋がっている社会はないにもかかわらず、反共主義や今度の「対テロ戦争」のように、かなり抽象的な理念や大仰な理想をかかげて国民を結集させ、世界をマニ教的な二分法によって裁こうとする傾向に陥りやすい国家もないのではないかと思いますが、いかがでしょうか。「大義」によって正邪を決定する思考がのさばれば、その多様性において自らの歴史の来歴を問い直し、絶えざる現代との往復運動のなかで公的な記憶の見直しをはかっていく回路が断たれてしまうことは言うまでもありません。

振り返ってみますと、朝鮮戦争の前後、アメリカ映画では「良いアパッチとは死んだアパッチだ」といった暴言が平然と西部劇のヒーローの口から語られていました。またかつてヴェトナム戦争の硝煙がくすぶっていた頃、ジョン・ウェイン主演の「グリーン・ベレー」に描かれたベトコンたちは、まさしく「グーク」(gook)の蔑称で呼ばれるようなクズのようなアジア人でした。アフガン戦争における「ランボー」にしても、「現地人」は「グーク」に変わりありません。そうした「グーク」が仕出かした卑劣な奇襲攻撃として「パール・ハーバー」が記憶されていることは知っての通りです。

「従米―反米」が閉ざすもの

姜　もちろん、わたしは、安易に人種主義を持ち出すことで問題を説明しようとしているわけではありません。むしろわたしが指摘したいのは、日本主義やナショナリズムの心情を奥底に秘めながら、表面的には現在のブッシュ政権のかかげる「大義」に過剰なほどのリップサービスを惜しまない日本の保守的なエリートたちのなかに実はアメリカに対する反発の心情が鬱積しつつあるのではないかということです。彼らの鬱積したアメリカへの感情のなかにあるのは、アメリカのかかげる「大義」(Grand Cause) の「本音」の部分には人種主義があり、それがアメリカが今でもヒロシマやナガサキについて悔いていない証拠ではないか、こんな疑念が広がっているからではないでしょうか。

実際、例の「新しい歴史教科書をつくる会」のいわゆる「白表紙本」を読みますと、そこには「反米」感情を率直に吐露するような記事がちりばめられていました。検定が、そうした記述に殺菌をほどこし、日米関係のトゲにならないように政治的な「外科手術」を施したことは言うまでもありません。「つくる会」の代表だった人物や指導的な学者たちとやり合ったとき、彼らから「反米」の率直な意見を聞きましたし、その感情は彼らだけにとどまらず、かなり広範な保守的エリートや大衆のなかにもみられるのではないかと思うのです。

そうすると、ここに奇妙な現象があらわれていることになります。つまり、日本の方は、一方ではアメリカほど「大義」に熱くなっているわけでもなく、しかもその底意に人種主義的なバイアスがあるのではないかと疑いながら、他方では“Show the flag”に呼応して憲法も平気で変えようとしている事態が進んでいることです。

そしてさらに指摘しておかなければならないことは、アメリカが「大義」や「大きな理念」を世界に宣告し、パトリオティズムの過熱状態のなかで「多様性」を見失えば見失うほど、日本の歴史の多様な「読み」から導き出される可能性、具体的には植民地や戦争がアジア諸国の様々な人々を巻き込んでどんな悲惨な結果をもたらしたのか、といった歴史における「共感」(compassion)の可能性が日本のなかでますます閉ざされていくのではないかということです。「アジアの解放」にせよ、「文明」や「リベラル・デモクラシー」にせよ、「大義」なしに、われわれの社会はその共同性をどのように作り出していけるのでしょうか。あるフランスの思想家の言うように、「政治的無意識」の構造が絶えず回帰し、「大義」のような何か「超越的なもの」と関係することなしには政治社会は完結性をもちえないのでしょうか。それが、内と外におびただしい数の「グーク」を生み出し、また歴史や記憶のなかの「グーク」たちの物語を奪い取ることになることは言うまでもありません。そうした「超越的なもの」あるいは「大義」から距離を置き、違った語りにおいて歴史の多様性を掬い出すためにはどうしたらいいのか。そのことをいま考えたいと思うのです。

また今度も困難な問題を先生に問いかけることになったかもしれませんが、先生のお考えを是非とも伺いたいと思います。

世界の中の「日米関係」

ダヴォス会議とアンチ・ダヴォス会議

グラック　姜先生の問いかけは答えるには難しいものばかりですが、とても大切なものだと思います。どれも事柄の核心——差異であふれているこの世界のなかで尊厳をたもちつつ、いかにして共生するか、という問い——を突くものです。

わたしがこれを書いているうちにも、以前にダヴォスで開催された世界経済フォーラム（WE

F）が、ここマンハッタンで進行中ですし、アンチ・ダヴォス会議であるところの世界社会フォーラム（WSF）がブラジルのポート・アレグレで開催されています。WEFは豊かで力のある北の国から（南からも代表が出てはいますが）二五〇〇人の参加者を集めています。一方、一四〇〇〇人が集まっているWSFは、貧困で力を持たない南（北からの参加も少なくないのですが）の姿を象徴しています。これらはグローバリゼーションの（主体、というよりは）対象となっている国と社会階級のために立ちあがっているのです。WEFとWSFはどちらもそれなりに「グローバルな市民社会」――それは、非暴力の、トランス・ナショナルな問題解決を模索し、今年のWSFのテーマが示すように、「別の世界が可能」であることを信じる――の出現という状況の中で役割をはたしています。

「ノン・トピアン」と「共通基盤」

グラック さて、「別の世界」を可能にするために、果して「大理念」（Grand Idea）は必要でしょうか？　姜先生が指摘された、何らかの方法で差異を「超越」することなしには、結局、わたしたちの「政治的無意識」に深くささっている他者への敵対心に回帰することになるのではないか、という見解はもっともなことだと思います。しかしわたしは依然として「大理念」は問題の解決にはならないと考えます。なぜなら、そうした壮大な理念はあまりにしばしば自分とは異なった人々や文化に対する敵意を正当化する隠れ蓑として機能してしまうからです。わたしはむしろ、「ノン・トピアン」(nontopian) の時代に生きることを喜んで選びます。というのは、そこでは、未来はこうでなければならない、という大きい理想主義的な観念から自由でいられるからに他なりません。それに、わたしは「文明」などの、すでに多大な帝国主義的過ちを犯してきた包括的範疇をも拒否します。もしも大きな考えをもたなければならないとしたら、わたしなら、ハンチントンの「西とその他」という分類よりむしろ、アマルティヤ・センの「自由としての発展」のほうを選ぶでしょう。

様々な民族、集団、国家や信仰の間の「共通基盤」(common ground) をつくる、とわたしが考えるのは、壮大な理念ではなくよりちいさな行動の積み重ねです。「共通基盤」とは姜先生がおっしゃったようにお互いの共通項を見出すことなのですが、それは全体的な形での「普遍」を求めるものではなく、部分部分において分かち合えるものを認識するということなのです。それはまた、差異のための場をそのままに置いておく、ということです。ちょうど、いくつもの互いに重なり合う円が、互いに重なり合っている部分は共有しながらも、残りの重なりあっていない部分の特徴を失うことなく存在するように。例えば、ますます深まりつつある国際的人権、あるいはもっと新しい言葉でいえば「ヒューマン・セキュリティー」(human security) に関する議論はそうした共通基盤という建物が、煉瓦のひとつひとつ、藁の一本一本を積み上げてゆくことで建て上げられるものだということを明らかに示しています。拷問を受けない権利だとか飢餓に苦しむことのない権利を認めることについては、いわゆる普遍的価値観 (そう呼ばれるものはたいていの場合「普遍的」ではなく、むしろひとつの特殊な考え方の延長であることがほとんどなのですが) を持ち出さなくても、ほぼ誰もが合意するでしょう。このような共通基盤は「超越的」(transcendental) なものではなくむしろ「基本的」(fundamental) なものを探求し、それはまたちいさな、他者の違いを踏みにじることのない「一歩一歩」(incremental) の積み重ねによって達成されるものなのです。

歴史と記憶の多様性

グラック また、わたしはこのような姿勢こそがアメリカにおける歴史と記憶の多様性を抱擁するための唯一の可能性であると考えます。百年前の「人種のるつぼ」は、実際どこからのどんな移民も「百パーセントアメリカ人」に精錬する「溶鉱炉」でした。しかしこのイメージは過去数十年で、いわゆる「サラダ・ボール」――ひとつひとつの違った要素を、溶かして一つにするのではなく、それぞれがそれぞれの味や色を保ったままに混じり合う社会を比喩的に言い表したもの――というイメージに場を譲りました。ここで問題となるのは、ではどうやって、このサラダの国民的なきずなを、それぞれのエスニック・アイデンティティを犠牲にすることなく結んでゆくか、あるいはその反対、ということです。

ここでも、この問いへの答えは共通基盤の模索であると考えます。それはまたどんな場合においても多元的社会の民主主義政治の根底となる基盤なのです。そして、このことはさらに、アメリカ先住民、アフリカ系アメリカ人、そしてヴェトナム系アメリカ人などの歴史的経験を抱き込んでより奥行のあるナショナル・ヒストリーを創出する、より豊かな公共の記憶への基盤ともなるのです。現在の時点で、このための努力は継続中です。しかしその努力のうちのいくつかは成功をみています。その証拠は例えば九〇年代半ばの「歴史戦争」に見出すことができるでしょう。学校の歴史教育は、従来の軍事や政治の有名な男性の英雄のかわりに「女性と少数者」について教えている、と愛国的な保守派は大声で非難しましたが、この新しいカリキュラムには変わりはありません。

もちろん、こうした新しい抱擁的な姿勢は、アメリカから人種差別がなくなったということを意味するものではありません。それどころか人種差別には根深いものがあります。しかし、現時点でのナショナル・ヒストリーは新しい「表情」を持っています。姜先生が指摘されたように「いいインディアンは死んだインディアンだけ」という忌まわしい言いまわしは最初に一八六八年に議会で使われ、その後公の場や映画の中で長く使われてきました。しかし今はもう絶対に聴かれることはありません。同じように、ヴェトナムのミ・ライでの虐殺事件後、一九七一年に開かれた議会での戦争犯罪に関する公聴会で海兵隊兵士が口にした「いいグークは死んだグークだけ」という言葉も――有難いことに――今では別の時代に属する言説です。特定の民族を罵る言葉やある人種への中傷発言はアメリカでは長い歴史を持っていますが、時の経過と共に、そして多大な努力の結果、それらの醜いものが次第に人々の公の言説から排除されていきました。これが今日、次々に押し寄せる不寛容の波に対して活発に反応する、「ヘイト・スピーチ（憎悪発言）」反対キャンペーンの意味するものなのです。

「日米関係」以上の問題

グラック 姜先生が指摘されたように、これらの国内における現象は必ずしも外交政策には反映されていません。わたしは今日の日本の保守派がアメリカの（それが対外政策についてであれ映画についてであれ）日本に対する人種差別について文句を言っているのにはあまり同調しません。公の言説において彼らの訴えを支えるものは見当たらないでしょう。それよりもわたしは「北の習慣」についてもっと憂慮しています。ソマリア系アメリカ人は最近、映画 *Black Hawk Down* においてソマリア人が「未開人」として描かれている――それはアフリカに対する古い人種差別観を持ち続けることだと彼らは指摘したのです――ことに対して抗議しました。この意味においてはジョン・ウェインの遺産はまだなくなっていないと言えます。人種差別は日米関係の問題であるよりは、アメリカにとっても日本にとっても、それぞれの国内の対外政策において多国間的な行動をもって取り組まなければならないような国境を越えた挑戦であると思います。

和田 グラック先生が「大義」や「大理念」の暴力性と危険性について述べられたことにはわたしも同感します。わたしたちが二〇世紀に見てきたことは、ある「大義」に対抗する別の「大義」がまた暴力的であるという状況でした。これは「ユートピア」と言い換えても同じです。ベルジャーエフが一九二七年に『新しい中世』の中で、いまや「ユートピアは実現可能である」として、「人は完全ではなく、不完全な、したがって自由な体制を夢みるのだろう」と書いたのが想起されます。わたしたちはユートピアと逆ユートピアが区別できないという恐ろしい経験をしてきました。だから、グランド・デザインというものを警戒するというのは、くりかえしますが、十分に理解できます。

しかし、いまわれわれは、共産主義者が舞台から去って、資本主義に対するラジカルなユートピアが消えた状態の中で、リベラリズムと市場経済が唯一の人間社会の存在形態だという単一のグランド・デザインの世界に住んでいるわけです。この唯一の絶対的なグランド・デザインに刃向かう者は犯罪者だということになります。やはりわたしは、「新しいユートピア」は必要だという考えです。もちろんそれは新しいタイプのユートピアでなければなりません。しかし、別の世界を夢みることが意味がないという絶望感が人々を覆えば、テロと抑圧の悪循環もたえることはないように思います。

ということは、グランド・デザインを求めるか求めないかではなく、どのようなグランド・デザインを求めるかだと言えるでしょう。

「悪の枢軸」発言とアメリカ世論

姜 わたしのグラック先生への問いかけは、きっとお答えになるのに困難なことばかりだと承知しておりましたが、にもかかわらず先生から素晴らしい「回答」をいただいたような気持ちです。

先生がご指摘になられるように、わたしも近代のおびただしい悲惨をくぐり抜けて新しい世紀を迎えたいま、「文明」や「解放」、「革命」や「デモクラシー」、「進歩」や「民族の栄光」などの「大理念」（Grand Idea）やそれに伴う「大きな物語」（Grand Narrative）は願い下げにしてほしいという心境です。それよりは、様々な集団や民族や宗教の間の「共通基盤」（common ground）を、自由擁護の立場に立って他者との違いを踏みにじることなく「一歩一歩」探し求めていく、緩慢ではあっても、力強い作業に従事することが必要であると思います。またそのかぎりで「ノン・トピアン」（nontopian）の時代にわれわれは生きていると言えるはずです。ただそれでもブッシュ大統領による「悪の枢軸」（axis of evil）発言を耳にするかぎり、米国を呪縛する「大理念」のすさまじいばかりの「単純さ」に唖然とするばかりでした。それが、「対テロ戦争」の決意をドラマティックに演出するための脚色された発言であったとしても、あまりにも杜撰な発言に言葉を失ったほどです。

かつてのレーガン大統領の「悪の帝国」発言よりも出来の悪いレトリックに米国の一般国民はどんな反応を示したのでしょうか。きっと様々な波紋を呼んだに違いないと思いますが、それでもかなりの米国民の支持を得たのではないかと恐れています。

それにしてもあらためてお伺いしたいのは、米国の「遠大な政策」(large policy) には、なぜこういった類いの過度に道義的な善悪二元論のレトリックが付きまとっているのか、ということです。光と闇、善と悪といった神学的な二分法の言説が、国務省にも影響を与えたことは、例えば、神学者ラインホルト・ニーバー (Reinhold Niebuhr) の場合などによくあらわれています。このような神学的なレトリックと権力政治のリアリズムとの「幸せな結婚」はわたしの目にはちぐはぐな結びつきのように思えて仕方がないのですが、どうしてそのようなことが起きてしまうのか、先生のお考えをお聞きしたいのです。このような問いの立て方は単純化の過ちをおかしているかもしれませんが、かつてニーバーの著作を少しはかじった覚えのあるわたしにとって「闇の子」「光の子」といった神学的なレトリックが冷戦のイデオロギーとどう結びついていたのか、知りたいと思ったことがあったからです。「悪の枢軸」発言は、そうしたレトリックのカリカチャーなのでしょうが、なぜそうした発想が繰り返され、またそれなりの世論の支持を獲得することができるのか、その事情について先生のお考えを是非ともお伺いしたいのです。

「日米関係」と東アジア

姜 ところで、ご存知のようにそのような強い違和感を喚起する「悪の枢軸」発言を内外に宣言した上でブッシュ大統領は東アジアの日本、韓国、中国を歴訪しました。日本ではクリントン前大統領と違ってブッシュ大統領が日本を最初の訪問国に選んだのは日本重視のあらわれだと大方は歓迎一色でした。そんな見方自体、先生がすでに指摘されたように、「二国間主義症候群」のあらわれとみなすべきでしょうが、それでも小泉政権への歯の浮いたようなエールを送るブッシュ大統領はさほど不愉快な抗議の運動に迎えられることもなく、無事「日米蜜月」時代を演出して離日しました。

「三月危機」がまことしやかに囁かれ、「小泉改革」の幻想が砕けようとしているにもかかわらず、なぜ小泉政権へのリップサービスだけが目立った日米首脳会議に終わったのか、さらにその背後にある交渉のプロセスでどんなやり取りがあったのか、それがわかるためにはもう少し時間が必要なはずです。ただわたしの考えでは、日米間で経済、つまり金融や通商、貿易などと、外交、つまり防衛や安全保障などとのトレード・オフが進み、後者の分野で日本がより踏み込んだ役割を果たす「黙約」が成立したのではないかと思います。具体的には二〇〇三年はじめにも決行されるかもしれないイラクへの軍事的攻撃に向けた日本の「後方支援」の確約のことです。もし「対テロ戦争」が第二次「湾岸戦争」の様相を呈し、日本がさらに日米安保のジュニアパートナーとしての役割を期待され、実際にその期待にこたえることになるとすれば、日米の「二国間主義症候群」は、先生のおっしゃる「ヒューマン・セキュリティ」(human security)の可能性を摘み取ってしまうことになるはずです。

と同時に危惧されるのは、朝鮮半島をめぐる緊張です。ご承知のとおり、二〇〇〇年六月の南北首脳会談は、分断以来はじめての画期的なイベントでした。それによって休戦協定を平和協定に変え、南北の相互交流にもとづく軍備管理と軍縮への端緒が開かれる流れができつつあったようにみえました。これまで苦い幻滅を何度も味わってきたわたしたちにとって、金大中大統領のピョンヤン訪問は、凍てついた半島にもやっと雪解けの時代が到来しつつあるのではないかと思わせました。現にオルブライト前国務長官がピョンヤンを訪問し、米朝交渉の扉はまさに開かれようとしていたのです。

しかしブッシュ新政権の登場とあの同時多発テロ以降、事態は急速に冷え込み、そして「悪の枢軸」発言がダメを押す結果になりました。また金大中政権はその任期の終わりを迎え、様々なスキャンダルと一向に進まない南北関係の停滞とともに国民の支持を失い、レームダック状態に陥りつつあるようです。そうした背景もあって韓国の側にはブッシュ大統領の訪韓で「太陽政策」(「抱擁政策」)への米国の支持をあらためて確認し、さらに米朝交渉にはずみをつけるねらいがあったようですが、どうもそのねらいはうまくいかなかったようです。ブッシュ政権は、もう「包括政策」を事実上見限っているようですし、北朝鮮(朝鮮民主主義人民共和国)に対しては力による抑止と制裁だけが重要であるとたかを括っているようです。もし今年に予想される韓国大統領選挙で北朝鮮に対する力の対決をいとわない野党(「ハンナラ党」)が政権を握れば、米・日・韓の三国に「悪の枢軸」に立ち向かう新冷戦型の同盟関係が結成されてしまうかもしれません。わたしはそれをもっとも恐れています。

もっとも重要な米中関係については縷々ここでは申し上げませんが、いずれにせよ今度の米国大統領の東アジア三国歴訪で明らかになったことは、日米、韓米、中米どれをとっても米国と東アジア三カ国とのそれぞれの関係において真の相互理解は達成されていないばかりか、同時に東アジアの三カ国もバラバラに米国に対応しているということです。このことはグローバルに対応すべき問題の性質にもかかわらず、依然として一国単位の「国家理性」的な思考にとらわれ続けている現実を見せつける結果になってしまいました。

東アジアで「共通基盤」の模索を

姜 それでは他方でこの東アジア諸国の間に「いくつもの互いに重なり合う円が、互いに重なり合っている部分を共有しながらも、残りの重なり合っていない部分の特徴を失うことなく存在」するような「共通基盤」構築の動きが進んでいるかと言えば、教科書問題や「靖国参拝」にみられるように、戦争の記憶の共有と和解への道筋はいまだ掴めないままです。

もっともこれらの地域での大衆文化やメディア、通信、人的交流の拡大には目を見張るものがあります。しかし文化的な多様性や差異をめぐるさまざまな交渉や承認のプロセスが多孔的に開かれようとしているにもかかわらず、それらが東アジアの越境的なネットワークの形成と「ヒューマン・セキュリティ」の相互承認に繋がっているかと言えば、心もとない気がしてなりません。いささか悲観的な見通しを述べてしまいましたが、この東アジアの地域で先生がおっしゃるような、「共通地盤という建物」を「煉瓦のひとつひとつ、藁の一本、一本をつみあげながら構築していく」にはどうしたらいいのか、その具体的な手かがりとなるものについてお考えになっていらっしゃることがあれば、開陳していただけないでしょうか。もちろん、わたしはこの地域のリージョナルな結合だけを問題にしているわけではありません。しかし、分断国家の現実を抱え、大国がせめぎ合う地政学的な条件を強いられているこの地域が緊張すれば、計り知れない犠牲がともなうはずです。その意味でもこの地域で「基本的な（fundamental）もの」にもとづいて相互に重なり合うものを求めていくこと、つまり、差異を承認しつつ「オーバーラッピング・コンセンサス」（overlapping consensus）を探し求めていくことはきわめて緊要かつ重要な課題だと思うのです。

II 「日米関係」からの自立

2002.5.22

「二国間主義症候群から脱するには、やはり本当の意味での地域主義が必要だ。そのためにこそ明治以来のアジア主義から大東亜共栄圏構想にいたるプロセスのどこに問題があったのかを明確に認識する必要がある。」

和田春樹

ヴェトナム戦争とは何だったのか

編集部　「九・一一事件」が起こった昨年の十月からメール上での座談会を続けていただきましたが、本日は直接対面してこれまで議論していただいたことをさらに深めていただきたいと思います。

ヴェトナム戦争の頃

姜　これまでのメール座談会で和田先生が「ポスト・ヴェトナム戦争」という問題を提起されま

したが、まずヴェトナム戦争とは何だったかということをお話しいただきたいと思います。ところでグラック先生は、中央アジアでヒッチハイクをした話をされていましたが、それは一九六三年のことでしたか。

グラック そうです。

姜 とすると、ちょうどヴェトナム戦争の頃ですね。

グラック はい。その同じ旅行で一九六三年はじめに、南ヴェトナムにも行きました。サイゴンと田舎の両方で戦争を間近にみました。

姜 つい先日、和田先生も小田実さんたちと一緒に、ヴェトナムの方に行かれましたね。まず和田先生の方からヴェトナム戦争当時のことをお話しいただけますでしょうか。

和田 昨年秋にバークレー（カリフォルニア大学バークレー校）に参りました。バークレー校のバーシェイさんが主催された日本が結んだ二国間条約が生み出したものについてのシンポジウムに参加するためでした。九月一一日の事件の後のアメリカ訪問とあって大分緊張して行きました。行ってみると、バークレーというアメリカの中では異端的な、独特な雰囲気のところなので、アメリカ社会の緊張はあまり感じられませんでした。そのバークレーでむしろ珍しいものに出会ったのです。バークレー・アートセンターで、“The Whole World is Watching : Peace And Social Justice

Movements of 1960s and 1970s” という写真展をやっていました。そこには、ある意味でわれわれが懐かしく思う気分、ほっとする世界がありました。そういう人々の気持ちがアメリカの一部にはまだ健在であるようにも感じられて、非常にうれしく思ったんです。

大学院でわたしが最初のゼミを持ったのが一九六八年でしたが、そのときからヴェトナム戦争反対の市民運動を始めまして、わたしの場合、大学院教師としての生活と市民運動の経歴がほとんど重なっております。ヴェトナム戦争反対運動は、わたしたちにとっても非常に大きな体験で、その折アメリカというものを新しく発見し、その新しく発見したアメリカには非常に敬意を持って参りました。そのアメリカに、バークレーの写真展で再会したわけです。

そこで一番わたしたちを悩ませるのは、よりよい世界を求めるという気持ちがみんなの中にあり、そして部分的にせよアメリカ社会の中の革新、改革が進められ、そういう雰囲気の中で戦争が終わったはずなのに、この戦争の「敗北」の経験を経て得たはずのものが、今日においてアメリカの社会の中にほとんど生きのこっていないのはなぜか、ということです。

「ポスト・ヴェトナム戦争」ということでは、次の二つのことが指摘できると思います。一つは、ワシントンにこの戦争の記念碑がありますが、これには結局のところヴェトナム戦争についての評価が一切ない。五万八〇〇〇人ぐらいでしょうか、死者の名前が書かれているだけです。

人が死んだということを刻んで、こういうことは繰り返してはならないと。嫌だという気持ちを表したのは大きいように思います。しかし結果として、あの戦争とはどういうものであったかという共通の認識が確立していないということがあとに残りました。日本とよく似た状況です。つまり、戦争が終わった後、アメリカの社会はそういうものを見出してこなかったのではないかということです。

それからもう一つは、ヴェトナム戦争後に、デモクラシーとマーケット・エコノミーが共産主義に勝ったということがあります。ソ連社会主義が崩壊し、ヴェトナムもアメリカに負けたソ連の一味だということになりました。すでにヴェトナム戦争の末期に米中和解があり、ヴェトナムはソ連に傾斜しました。そして、ポル・ポト派の大量虐殺があって、ヴェトナムのカンボジア侵攻があり、中国のヴェトナム攻撃がありました。ヴェトナムはソ連派だとはっきりしたところで、それによって、アメリカはヴェトナムに負けたという事実が曖昧になってしまったのです。そこから「人が死ななければ戦争をしてもよい」という現在のアメリカのイデオロギーが生まれてきたといえると思います。

ところでグラック先生は、ヴェトナム戦争の頃は大学院におられたんでしょうか。

一九六〇年代は例外的だった

グラック　ちょうどその春、コロンビア大学では学生争議と反戦運動が爆発的に起こり、大変激動の時期で、試験なしでその学期が終わったのです。ですからわたしも大学院生として和田先生とほとんど同じような経験をしました。先ほど申しましたように大学院に入る前にわたしはヴェトナムとか、東南アジアに旅行したことがあったので、ほかの学生たちよりは少しだけ知識と経験がありました。カンボジアとかタイとか、どこにでも行きましたから。ラオスは行けませんでしたが。それで、その国々について少し知っているということで、わたしは急にヴェトナムについての専門家になってしまいました（笑）。そしてアンナンという国の長い歴史についてのインフォーマルな講義を、大学のグラウンドでやっていたんです。おかしな話ですが、少しの知識でそんな活動をしていたんです。

いずれにせよ、わたしは完全にヴェトナム戦争の世代です。そしてそれもわたしたちの世代で終わるんですね。一九六〇年代の終わりの頃ですが、「平和と社会的正義」（peace and social justice）とか「市民権」（civil rights）とか、わたしたちの世代は非常にユートピア的でした。ですからわたしもそういう写真を見せていただくと、非常に懐かしくなる。それも自分の経験だけではなく、やはり社会全体として懐かしくなると思うんです。そういうユートピア的な「使命感」(mission)を感じたころだったわけですから。そしてそれはアメリカだけではなくて、ヨーロッパ諸国でも、それぞれのかたちで似た現象があったのです。

それから四〇年が経ったいま考えると、あの時代はむしろ例外的だったのではと、ちょっと悲しい考えを持ってしまいます。つまり普通はそういうユートピア的な考えなど持たないし、あってもああいうかたちの運動にならないんですね。ですからむしろ、どういうわけで一九六〇年代のような時代が生じたのか、とまさに逆に問うべきで、それは問題提起になると思います。一つの世代の大部分が、そういう社会問題に関わった時期があったということを顧みると、今のアメリカの大学とは比べられない、想像ができないほどの別世界だったのですね。いまの大学生や大学院生も、もちろん「社会的正義」(social justice)といったものについて結構考えていると思います。しかし大きな意味の運動にはしない。わたしにはとてもおとなしく見えるのですが、例えばボスニアとか、ルワンダとか、そういう国々と関係あるようなNGOの活動をする。何もしていないということではない。ただ社会の至るところで一九六〇年代に起きたような現象は、まず現在起こりはしないということです。つまり例外的なのは今ではなく、一九六〇年代だったように思うのです。

一九六〇年代と第二次世界大戦との関係

グラック わたしは一九六〇年代の専門家ではありません。ただもしかすると、一九六〇年代の例外性は、第二次世界大戦と関係があったのではないかと思います。

例えば、戦争の時には人種関係が改めて問題になりました。軍隊での人種隔離や、北部の産業大都市での暴動などです。おそらくこういう経験がなかったとすれば、一九五四年の画期的な公民権立法である「ブラウン判決」(*Brown v. Board of Education of Topeka*) のような判断は出てこなかったと思います。この時の最高裁判事の一人は、トルーマン政権下では法務長官として日系アメリカ人収容計画を指揮していたのです。それは、戦争がアメリカ国内の社会変容にいかなるインパクトを与えたのかという一つの例でした。

第二次世界大戦についてもう一ついえば、この戦争で、GI、つまり一般のアメリカ人が初めて世界との接触を経験したのです。わたしの出身地、ミドル・ウェストでは、あまりに愛国的で地方志向で、海外に出ることを本当に非アメリカ的だと考えている人々がいました。わたしの父もその一人です。しかしヨーロッパや太平洋で戦闘に加わった若い兵隊は、少なくともなにかしらアメリカの外側の世界についての感覚をもって帰ってきたのです。

さらに付け加えれば、彼らは理想を抱いていた世代だったといえるでしょう。民主主義の大切さを信じ、ヒトラーという悪からそれを守るために戦っていたのです。政治思想家マイケル・ウォルツァー (Michael Walzer) が言うように、アメリカ合衆国にとっての第二次世界大戦は「正義の戦争」(just war) であったとのなかば永続的な考えは、このナチズムとの闘いから出てきたもので、その大義はいつも日本との戦争を陰に隠していたのです。

このように、彼らは民主主義的な理想を信じた世代でした。一九六〇年代の経済的繁栄のただ中で、より若い世代は民主主義の本当の意味はなにかと問いましたが、彼らは社会正義が必要であるという考えを共有していました。六〇年代は、公民権運動の時代であり、政府による「偉大な社会」という社会計画が推進された時代でもありました。

こと冷戦下でのアメリカの世界各地での戦争への関与となると、六〇年代の活動家は「帝国主義アメリカ」というレッテルを貼り、特にアジアでのアメリカの政策に異議を唱えました。ヴェトナム反戦運動の時代であり、ヴェトナムでの戦争が「正義の戦争」という理想を犯していると考えた第二次大戦の世代を含めて、全ての年齢層が参加する運動となったのです。

つまり、いろいろな意味で、アメリカの六〇年代は第二次世界大戦におけるアメリカ独自の経験と歴史的なつながりをもっていたのです。

ヴェトナム戦争の「教訓」

グラック 第二次世界大戦と一九六〇年代との間にそのようなつながりを指摘できるとすれば、ヴェトナム戦争とヴェトナム戦争以降との間には、別の教訓が生まれたといえると思います。つまり、理想なしに戦争をし、戦争そのものがいけないものであるという考えがでてきました。そして、人種問題との関わりも懸念されるようになりました。ヴェトナム戦争で亡くなった軍人の中には黒人兵がとても多かったのです。

わたしの世代には、第二次世界大戦とは全く関わりなく、ヴェトナム戦争をきっかけとして平和主義者になった人が少なくありませんでした。でもその一方で、政府やエリート、特に軍部、いわゆる「軍産複合体」(military industrial complex) は、ヴェトナム戦争からまた別の教訓を引き出しました。つまり和田先生がおっしゃったように、「人さえ死ななければ、戦争はしてよい」という教訓です。その後、ヴェトナム戦争以来、アメリカは戦争ばかりで、ベイルートとか、グラナなダとかの小さなものから湾岸戦争まで絶えず戦争をやってきました。つまり、アメリカ人が死なない戦争をやるということを、ヴェトナム戦争の経験から学んだわけです。

それからもう一つの教訓は、「本当の戦争」はしてはいけないということ。つまり、戦争といわれない戦争であればやっても構わない、と。つまり、「帝王的大統領制」(imperial presidency) と呼ばれるものですが、議会の権限である宣戦布告をすることなしに、大統領が軍事行動を始めるようになったのです。この傾向は朝鮮戦争で始まり、ヴェトナム戦争に踏襲され、現在にまで至っています。

もう一つの教訓は、イデオロギーの戦争はしないということ。湾岸戦争も侵略、あるいは石油のための戦争でした。いまのアフガン戦争の遂行の仕方も、ヴェトナム戦争から多くを学んでいます。新聞記者などは絶対に入れない。テレビでも、画像一つ出てこない。アフガン戦争は画像なしのテレビの戦争です。アフガンの人々も、ほとんど笑顔の女性だけ。戦闘の映像は全くない。それは、いまの戦争が夜の戦争であることとも関係しますが、これもヴェトナム戦争から学んだやり方ですね。

問題なのは、いまの世代の人たちはどういうわけか何もいわないということです。確かに小さな声ではいっています。大学では結構ミーティングを行っているし、大学には、アフガンの戦争に反対している人が少なくない。しかし社会全体としては、そうした声がほとんど聞こえない。なぜそういう小さな声だけで反対するのか。それが、アメリカ人として、わたしが一番気になっていることです。

現実にどう向きあうべきか

根づかなかった改革主義

和田　一九六〇年代は、アメリカの戦争に反対するアメリカ人の姿をみんなが見て、そしてそれに共感し、アメリカの運動の波長に合わせて、世界は運動していたわけですね。アメリカの人たちの運動が強い影響を世界に与えました。そういう意味で、そこにはインターナショナルな連帯があったと思います。今はそういう気分がなくなっている。フランスには一九六〇年代の気分が、大いに残っているんだといわれていましたが、ルペンのようなものが出てくる。トロツキストとルペンが同時に大統領選に候補として出てくるわけですから、どうにもなりません。

グラック フランスには「一九六八年」がもうすっかり残っていませんね。

和田 ある意味で、悲惨な戦争、「残酷な戦争」(cruel war) であれば、それだけに、「別の世界」(another world) に対するユートピア的な希求をもたらすわけですね。戦後の日本もまさにそうだったと思います。憲法九条もそうです。ヴェトナム戦争反対運動もそうでしょう。巨大な運動には、そういうユートピア的なモメントが必要なのかもしれません。

しかし問題は、結局そうしたユートピアが崩れてしまったということです。新しい社会を求める気持ちの中には、ある意味で社会主義の思想が漂っていました。資本主義の問題性は明らかになっていましたし、既成の社会主義の国家の批判もあった。だから、アナーキスト的コミュニズムの要素が強かったのかもしれません。しかしそれ以降、ソ連のアフガニスタン侵攻から始まって、一九八〇―九〇年代にかけて、別の世界を夢見るということ自体が崩壊してしまった。

本来は、一九六〇年代のこのユートピア的な高揚の中から、ある種の改革主義的変革、改革的に現実の社会を地道に少しずつ変えていけるような運動を生み出していくべきだったのですが、そうした試みが十分なされなかったことが、運動の側の問題ではないかと思います。本来はそういうものとして「ユートピア」を再建する他なかったはずだったのですが。

日本でいえば全共闘の玉砕主義では、「大学解体」という方向にいきましたから、全くのユートピアです。そういうものであれば、それが過ぎてしまえば、人々は結局、普通の生活に戻ってしまう。それで何も改革などされない。真の意味での改革主義、現状に流されない改革主義的な考え方によって、社会を変える方向にもっていかなければならなかったのに、そうならなかった。むしろ政府の方がある意味で改革主義をとった。戦争の遂行方法を改革したり、あるいは社会的には黒人問題、女性同権化の問題を進めていきました。そういう政府の改革主義が現実に力を持ち、逆に、運動の側には健全な改革主義が根づかなかったことが大きな問題だと思います。

理想主義と日米の知識人

姜 一九六〇年代はむしろ例外ではなかったか、と第二次世界大戦の経験をもとにグラック先生にお話しいただきました。そのお話を伺ってちょっと感じたのですが、グラック先生たちは一九六八年以降、もしくはヴェトナム戦争以降、ある種の現実から切れた平和主義に多くの人がシフトしていったとおっしゃいました。それに対して和田先生はこれまでのメールでの議論の中で、

「平和問題懇話会」での、旧植民地との関係を抜きにして訴えた丸山真男のある種の絶対的な平和主義に触れられました。

そこで一九六〇年代のアメリカの知識人と、日本の戦後民主主義的な平和主義者との間で何か共感し合ったものがあったのだと思います。つまり、ようやく初めてアメリカ側から、日本が平和主義という形で掲げていたものに共感できるような人々が出てきたのではないか。和田先生は、何人かアメリカの知人のことについてもお書きになっていらっしゃいます。しかし逆にいえば日本の側が、アメリカに対して少し過剰な思い入れがあったということはないでしょうか。アメリカの中にも日本の平和主義を理解できる知識人がいるんだという、そういう思い入れですね。

戦後ドイツも一九六〇年代に世代間闘争があって、一九六八年世代が、ナチス世代の父母たちの歴史を糾弾しました。フランスでも似たような動きがありました。いまのお二人から、結局、「ポスト・ヴェトナム戦争」において社会運動の動きは、革新主義的なものを具体的に提示できなかった、もしくは運動が挫折してしまったというお話がありました。しかし一方で政府の方は政府のほうで教訓を引き出し、戦争のやり方やメディア対策、つまりヴェトナム戦争における国家としての失敗をきちんと学んだのではないかということでした。

そして和田先生は、そもそも自分はユートピア主義から出てきたのであり、ユートピアというのは、決して軽べつ的な意味でいっているのではないとおっしゃった。しかしいまは、それは通用しないわけで、現実の中で現実を批判する、そういうスタンスはどうあり得るかという問題提起をされました。他方、グラック先生も、これまでのメールでの議論の中で、「ノントピア」といういい方で、現実を変えていくようなやり方を模索していかなければならないとおっしゃった。僕から見ていると、期せずしてお二人は、ともに一九六〇年代の経験から同じ教訓を引き出され、ヴェトナム戦争以後の社会運動、様々なイデオロギーの挫折を見ながら、もう一つ違う立場を現実の中からつくり出そうとしていらっしゃるような気がします。

和田 確かにわたしたちの目の前に出てきたのは、脱走兵の問題でした。アメリカ軍から脱走する兵士の問題です。イントレピッドという航空母艦から脱走した兵士が、日本の市民団体に援助を求めてきました。それで日本の市民団体が援助することになる。当時、べ平連という組織がありましたが、そこがJATECという組織をつくり、そういう脱走兵をかくまって、そして国外に逃がそうとしたのです。作家の中野重治をはじめいろいろな人がそれに関わりました。国家に盾をつき、極限的な形で抵抗する人を助けるというのは、日本人にとっては、途方もない経験だったわけです。今度はアメリカの活動家がそういう活動を手伝いに来るのですが、彼らのほとんどが兵役を拒否した人でした。アメリカにいられなくなって、こちらに来たのです。このような運動の世界は、憲法九条を守れ、徴兵制は嫌だといってやってきた人間から見ると、非常に親しいというか親近感のもてる世界だったわけです。

しかし実際のところ戦争について考えれば軍隊の存在を無視できない。アメリカ軍と戦っていたのは、ヴェトナム人の軍隊でした。日本の戦後平和主義、ユートピア的な平和主義は、ヴェトナム戦争の極限の中でアメリカ人脱走兵が示した行動に至福の瞬間を味わったわけですが、それは長く続かないのです。それまでの活動を、もう少し日常的な、つまり改革的な、しかし現実には流されない、そういう動きにして、そのときのエネルギーを社会の中に持続していかなければいけなかったのに、それができなかった。問題はいかにして現実に流されないで、現実に吸収されてしまわない改革主義を根づかせるか、この中から別の世界への手がかりを見出していくかだと思います。日本でも一九六〇年代はみんな社会変革を支持していたわけで、いまは一九六〇年代にそういう活動をやっていた人たちも皆体制の中に入っている。官僚にしても会社の役員にしてもそういう人が多いでしょう。

介入か？　批判か？

姜　そのあたりでグラック先生にお聞きしたいんですが、現実に流されないということも確かに大事ですが、一方でブレアにしても、それからクリントンにしても、あるいはベビーブーム世代の知識人にしても、アフガン戦争やコソボの事態に対して、ある種の積極的な介入主義を唱えている。彼らは、一九六〇年代に政府の側から見ていただけではなく、クリントンもそうですが、兵役を拒否したり、ヴェトナム戦争時代をある種の教訓にしながらいまを生きている政治家や知識人です。つまり、ある意味でリベラルといわれている人たちが、むしろ「人権」(human rights)のために積極的に介入した方がいいと主張している。「人道的介入主義」(humanitarian intervention)ですね。この間も、アメリカのスーザン・ソンタグさんにお会いしたときに、彼女は、コソボについては積極的介入を主張しているということでした。コソボのような悲惨な状態には積極的に介入することが必要になってくると。それとこれは僕は読んではいないのですが、「われわれは何のために戦うのか」("What We' re Fighting For?")という声明のなかで、五〇人ほどのアメリカの知識人たち、マイケル・ウォルツアーとかハンチントンといった人たちが、アフガン戦争について積極的介入を声明で出したそうですね。

グラック　「九・一一」以降、アフガニスタンでの戦争が始まるまでの間、アメリカの知識人は、介入に対する声高な非難よりも、その主張の穏健さが目立っていました。もちろんなかには、特にノーム・チョムスキー（Noam Chomsky）のような例外がいました。しかし、世界におけるアメリカの政策への強硬な批判もふくむ、一連の書簡を掲載したのは、イギリスの出版物である、『ロンドン・レヴュー・オブ・ブックス』（*The London Review of Books*, 2001.10.4.）だったと思います。一方で『ニューヨーク・タイムズ』紙は、姜先生がおっしゃるような知識人の意見を掲載していました。

姜　その人たちはわれわれから見ると比較的リベラルという人たちですね。ヴェトナム戦争にも、和田先生がおっしゃった意味でかなり否定的な判断を下した人たちです。その人たちがいま逆に介入する、というか先ほどの先生のいい方でいえば、正規戦ではない戦争、戦争ではない戦争によって介入することを積極的にサポートする。日本には、そういう意味でのリベラルというのは、いまのところないのではないかと思うんですが、いかがでしょうか。

和田　ただ日本では、常に「リベラル」というのがはっきりしませんね。やはりアメリカであれば、アメリカ合衆国憲法という、アメリカの建国の理想を持っているリベラルでしょう。だからアグレッシブになる。日本だと、そこがはっきりしない。日本ではすべてあいまいになる。

姜 湾岸戦争以降、特にコソボの事態で、知識人が介入主義をとるようになった。もちろんグラック先生がお書きになったようにクリントン政権はおどおどして、必ずしも介入主義ではなかった。ただコソボのときには間違いなく意見が割れた聞いています。ドイツでも意見が分かれましたし、ヨーロッパの他の地域でも。そういう介入主義に対して、リベラルなかなり有力な知識人たちが支持を表明する。グラック先生はこのことをどうお考えですか。

グラック ひとつの目標や可能性としての社会主義が失われた点は非常に重要であるということについては、和田先生がおっしゃるとおりだと思います。エリック・ホブズボウム（Eric Hobsbawm）が書いたように、資本主義をよりましに保ったのは、社会主義の脅威だったのです。社会革命、そして後には共産主義への脅威によって、結果的に「西側政府」は福祉国家、ニューディール政策、社会的ケインズ主義などに「すばらしく全力を注いだのだ」とホブズボウムは言っています。もはや、その脅威は去り、わたしたちは「オルタナティブのない生活」（life without an alternative）の中に取り残されているのです（"Goodbye to All That," in Robin Blackburn, *After Fall : The Failure of Communism and the Future of Socialism*, Verso, 1991.）。

社会主義というオルタナティブは現状に対する批判の場を生み出してもいたので、それが消えてしまったことで、リベラルや左派の知識人は、批判的な理論や社会的な行為のための枠組みを失って立ち往生したのです。民主的政治においても同じでした。ブレア、クリントン、シュレーダーのいわゆる第三の道というのは、実は「第三」でもなんでもありませんでした。もはや「第二」の道すらないのですから。

だからと言って、進歩的な、あるいは（アメリカ型の）リベラル知識人が世界の問題に対するセンシティヴィティを失ったというわけではありません。かれらが失ったのは未来への感性です。今日の記憶という大義のための運動は、戦争や帝国の犠牲者への補償から奴隷的扱いに対する償いまでありますが、現在から過去へと焦点を移した社会正義の探求を体現しているのだと思います。社会正義に対する関心はリアルなままですが、よりよい未来への道は、道標もなく不明瞭でしょう。

人道介入主義のパラドックス

グラック 姜先生が提起なさった介入についての問題は、このジレンマのもう一つの実例ではないでしょうか。今日の知識人や活動家が掲げる標語は社会正義よりも「人権」（human rights）となる傾向があります。人権の原理は人道の根本でありながら、特に国際的、文化横断的状況ではその実践が大変難しいということは、わたしたちのよく知るところです。

「人道的介入」(humanitarian intervention) という概念がこの問題のよい例です。スーザン・ソンタグのようにアメリカがコソボに介入することを要望するアメリカの知識人は、大量虐殺が起きている紛争地域の人命を救うためにそのように発言しました。しかし、その帰結は単純なものではありませんでした。後にある批評家が書いていますが、「世界の善良な市民は」乏しい選択肢の中から運命的な選択をしなくてはならないのです。つまり、国家主権を尊重するということは、ひどい人権侵害を防ぐための介入を行わないということを意味します。外交や制裁措置に頼るということは、女が強姦され、男が殺されるのをただ傍観するということになります。軍事力を行使することは新たな犠牲者を生み、国際的な規範を破棄し、人道的動機を戦争へと転化するのです。

九〇年代のアメリカでの論争はこのジレンマを反映していましたが、いかなる解決ももたらしませんでした。一方で、わたしが先ほど申し上げたサマンサ・パワーが書いた本の中では、アメリカ人は「ジェノサイドの傍観者である」とした批判があります。つまり、アメリカがカンボジア、ルワンダ、ボスニアにおける「悪 (evil) を考慮に入れ」損なったとして非難するのです。他方では、アメリカが政治的な盾として人権をつかって、新たな介入をおこなおうとしているという、姜先生がおっしゃるような懸念があるわけです。

これは簡単に答えの出る問題ではありません。しかし、一つだけ明らかなことがあります。どのように「人道的介入」が定義されようとも、それは戦争とは異なるのです。例えば、北朝鮮の飢餓救済のために食糧を送ることはアフガニスタンを爆撃することとは違うのです。

和田 少し社会主義崩壊の文脈と結びつけますと、社会主義の崩壊も、いわば「人権」(human rights) の勝利とみなされた。社会主義国の中で異端派が現れて言論の自由を求めて、体制を批判してきました。それはそれで非常に立派な運動だったし、わたしも支持していましたが、ペレストロイカを経て社会主義が崩壊したときに、この「人権」主義が一種のイデオロギーと化していったと思います。スーパーマン的な、圧倒的で、批判を全く許さないようなイデオロギーになってしまった。そしてこれがアメリカ建国の伝統への回帰の動きと結合すると、つまり、アメリカ革命の精神でもあるということにされると、さらにイデオロギー化されて、アグレッシブになる。

ですから「人権」というものを考えていくことは非常に重要なことですが、人々のナショナル・プライドやアイデンティティを尊重し、他者の価値意識というものも常に考え合わせなければいけない。そして当然の「人権」も認められず苦しんでいる人は助けなければいけませんが、助け方を慎重に考えて、新たな暴力を生じないように気を付けなければならないと思います。

グラック 全くそのとおりですね。

和田 そういう慎重で総合的、しかも現実的なポジションに立って対抗していかなければならないのに、そういう考えが非常に弱い。そのため、結局、「人権イデオロギー」(human rights ideology)に押しまくられてしまう。それは他方で、現実に流されていく改革主義にもなっているでしょう。

姜 「人権」(human rights)をそのようにして錦の御旗に掲げ、軍事力を行使する場合には、むしろ、人道主義的な救済をしているだけだといった意識でヘゲモニーを行使しているという意識はないんでしょうね。

グラック まさにそういう感じですね。そのリベラルたちは、アメリカの覇権主義や一国主義的な活動に強く反対しているわけですから矛盾だと言ってもよいでしょう。軍事的介入と人道的なそれとは線引きが難しいのですが、軍事的な介入主義に反対すると同時に、人道的な介入はしなければならないというのは矛盾を孕んでいます。

姜 そういうことを考えますと、和田先生の言葉ですが、ある種の「帝国主義的な国家」として、冷戦以後、唯一アメリカだけは責任を負わなければならないという意識がやはりあるように思えますが、いかがでしょうか。

無自覚な覇権国——アメリカおよび日本

「責任」「使命感」というより「習慣」

グラック　「責任」という言葉が適当かどうかわたしにはわかりませんが、そのようにあるべきだということには、同意します。アメリカの政治家も市民も同様に、合衆国が最も強力な国であるから「結局は」世界中でさまざまな事柄に参画することになる、と信じているように見受けられることが多々あります。ここでわたしが申し上げているのは、グローバルなエンゲージメントのことであって、軍事基地や、安全保障、石油といった「国益」によって正当化される介入のことではありません。例えば、イスラエルとパレスチナの紛争に対するブッシュの最初の立場は、そこから距離を置いておくというものでした。反クリントン主義を示すためであり、世界の厄介な問題に関わらないでおくためでもありました。もちろん、それが不可能であることはすぐにわかりました。しかし、ブッシュ政権が中東に目を向けたのは、「責任」からではなく、パワーと「石油」からくるインペラティブ（そして国内政策の切迫した事情）からだったのです。

そして、第二次世界大戦や冷戦時には強力であったアメリカの使命感というものが、一九九〇年代には急速に弱まってきた点も指摘されなければならないでしょう。「壁」の崩壊後、アメリカが勝利したというムードが蔓延し、関心は国内の経済問題へと向かったのでした。

メールでの議論の際にわたしが申し上げたように、「覇権の習慣」というものが、いまだ根強く残っています。アメリカの外交政策を動かしているのは、責任や使命ではなく、むしろこの「習慣」なのだと思います。この点において、イデオロギー上のレトリックと現実の政策はときにだいぶ異なるのです。一九四〇年代の終わりにトルーマンが市民に共産主義の脅威に関連づけて冷戦の初期段階を「宣伝した」時もそうでしたし、二〇〇二年にブッシュがイラクとの戦争を「九・一一」と「対テロ戦争」に結びつけて「宣伝」し始めたときもやはりそうでした。「悪の枢軸」とか「大量破壊兵器」といったスローガンが、テレビ広告がコカコーラを売り込むように、戦争を促すために使われたのです。責任も使命もそれほどない。すべてはパワーと、それを振るう「習慣」からくるのです。

和田 ナチズム、ファシズムといった全体主義については、これと戦わなければならないとはっきり意識される。その次のコミュニズムもまた同じようなものとして意識された。しかしそれも消えてしまえば、グラック先生がおっしゃるようにまさに「習慣」、「惰性」というかそういうところで対応していく。自分たちがそこに存在しているということから自然に流れ出てくるような機能として、やっていかなければならないとなっているのかもしれません。ヴェトナム戦争は、その意味で、建前としてはコミュニズムを相手にする戦争であったはずですが、やってみた結果そうともいい切れないような戦争になった。それで非常に混乱したということではなかったかと思います。しかしこの混乱こそ大きな意義をもっていたのです。

アメリカの無自覚な覇権

姜 しかし例えば日本からみると、「習慣」(habits)というよりも、むしろアメリカは明確で一貫した世界戦略を持っていて、政策的、イデオロギー的な方針をもって、意識的に覇権を握っているかのごとくに映るわけですね。どうも日本では多くの人がそう見ている。恐らくそれ以外の国でも、そう思っていると思うんです。しかし実際はブッシュにしてもコミカルなほどにばかばかしい。だが結果としては悲惨な結果が出てくる。そのギャップは、どこからくるのか。だれかがアメリカを巨大な島国だといいましたが、国民はそういう巨大国家アメリカがやろうとしている外交や対外的な影響力についてほとんど関心がなく、選挙においてもほとんど問題にされない。しかし巨大な出来事が起きたときには、過剰に関心が呼び覚まされる。どうしてこういうことになってしまったのでしょうか。

グラック それは歴史の産物だと思います。アメリカは本当に巨大な島国ですね。太平洋と大西洋が二つの「お堀」でアメリカはその中の「お城」だという言い方がずいぶん前からあります。一八〇一年、トマス・ジェファーソンは就任演説で、「すべての国との平和、通商、友好」を語りましたが、「何かに巻き込まれるような同盟はどことも結ばない」とも言っています。合衆国を外の世界から分離しておくために儀式的に引用されるのは、この「煩わしい同盟の拒否」(no entangling alliances) の部分です。

このことは一五〇年の日米関係のあり方にも影響していると考えられるでしょう。確かにアメリカは日本の港を軍事力で開こうとしましたが、それはイギリスのように領土的な野心で、つまり植民地が欲しくてしたわけではありません。むしろそれは資本主義的な帝国主義でした。ペリー来航にしても、もっぱら商業と貿易が目的だったのです。ですから、アメリカの太平洋への関心は、長い間とぎれとぎれでした。何か問題が生じたとき、例えばペリーが要求したように船舶への石炭供給地が必要になったとき、アメリカは西に目を向けたのです。しかし、問題が解決するとすぐにまた政府は国内問題か、東のヨーロッパとの外交関係に注意を向けました。

その点、日本はまさに逆ですね。アメリカと日本のパワーの非対称は、一五〇年間にわたる日米関係を特徴づけてきた関心の非対称をともなっていました。権力関係から、日本は常にアメリカに注意を払っていました。一方でアメリカの日本に対する関心はその時々のイシューとともに上下していたのです。日本人には、ペリーからパール・ハーバーに至る間に、どれくらい頻繁に、どのくらい完全に日本がアメリカの視点から消えていたかを想像するのは難しいことだと思います。第二次世界大戦は、こうした状況を変え、アメリカはより日本に意識を向けるようになりましたが、それでも関心の非対称は残ったのです。

アメリカの世界への関心は、それが持つ世界へのパワーには決して釣り合うことがありませんでした。二〇世紀に拡大したそのパワーは、今日の世論に影響を与えるもう一つの「歴史の習慣」

をつくっています。実際、大西洋と太平洋という「お堀」はアメリカを守っていたのです。第二次世界大戦でさえ、国民の日常生活からは遠く離れた場所でおこり、和田先生がおっしゃるように、アメリカは本土での戦闘を一度も経験しなかったのです。それだからこそ、九月一一日はあれほど衝撃的だったのです。その実、アルカイダは一〇年にもわたってテロリズムを行ってきました。アメリカの軍艦、大使館、そして一九九三年にはまさに世界貿易センターがテロの標的となりました。しかし、今回、国際的暴力は「お城」そのものに打撃を与え、新しいかたちで世界を国内に持ち込んだのです。

ただそれでもアメリカ人は、対テロ戦争に「勝つ」ことができたら、もっと具体的には、湾岸戦争以来のサダム・フセインを退陣させるという未完の仕事を終えたら、アメリカは、世界から脅かされることもなく、再び安全な「堀」のうちに安全にとどまることができると信じているようです。いまや、政治家や軍司令官は、アメリカの軍事力が一極的世界を支配していることを当然のこととして考えていても、グローバルなエンゲージメントを軽視しています。こうした態度は有権者のあいだに広がっています。この関心（と議論）の欠如が、アメリカが海外で大きなダメージを与えているひとつの理由なのでしょう。

アメリカの世界との関わり

和田　もともとアメリカはヨーロッパから逃げてきた人がつくった国ですよね。絶海の孤島に自分たちの理想社会をつくるというわけですから、その意味で一種のユートピア国家です。ヨーロッパではアメリカへ行ってユートピアの実験を試みることがしばしば語られました。カベー派もそうでした。ロシアには、そのものずばり「アメリカ主義者」がいたくらいです。世界から隔絶する傾向が、アメリカという国の成り立ち自体に含まれている。普通の国であれば、いろいろ隣国と関係があって、だんだんと、あるいは否応なしにそうした関係の中で国家ができてくる。けれどもアメリカは、革命的に、ユートピア的に、他から切り離された形で国家ができた。お堀の例えは、まさにぴったりで、ここは自分たちの理想の世界だからほかから侵入されたくない、そういうものを好まないという面があると思います。

ただそのアメリカも、労働力も含めて外に開かれていないと国自体がもたない。ですから他方では外の世界とどう関係するかということを絶えず考えてきた。どちらが本性かといえば、孤立主義的な傾向の方かもしれませんが。

グラック おっしゃるとおりです。しかし孤立主義は物語の一部にすぎません。アメリカは当初から、外交、軍事経済関係において、そして移民国としても世界と関わってきました。もちろん、移民は（一九二〇年代の言葉ですが）「百パーセントのアメリカ人」になり、旧世界への忠誠を「堀」の反対側においてくることが期待されました。

けれども、アメリカ人は資本主義がその堀の水際で止まるべきだとは考えませんでした。和田先生がおっしゃる「帝国主義的な国家」としてのアメリカの経歴は、長いあいだ経済的に導かれ、しばしば資本主義的帝国主義は孤立主義的論評からは免除されてきたのです。冷戦期には、アメリカの帝国的権力は政治、イデオロギー、軍事、経済力を含みこんで拡大し、「覇権の習慣」を形成したのです。

現在の状況は、こうした「習慣」を破るひとつの機会かも知れません。なぜなら、たくさんの国がアメリカの「悪の枢軸」に対する立場に反対しているからです。これらの批判は、トニー・ブレアという例外をのぞいて、アメリカの同盟国の多くに見られます。そしてそれ以外の世界のほとんども反対を表明しています。もはや冷戦構造によってそうした批判を覆い隠してしまうことなどできないのです。アメリカの一国主義をくじくあたらしい「連携」(coalition) をつくるチャンスなのです。こうした理由で、わたしは他国がアメリカの政策に警告を発することを歓迎しますし、それらの国がアメリカの「覇権の習慣」に対する批判を続け、強めることを期待しています。

日米同盟と東北アジア共同の家

姜 外に対して与える影響は大きいにもかかわらず、アメリカの覇権といったものは、別に考え抜かれたものでも、一貫したものでもないということ、とりわけアメリカの国民はそれほど意識していないということは、今日改めて伺って分かりました。

そうしたアメリカの覇権に対しては、まず憲法第九条をきちんと守り、平和主義を貫くべきだという考え方が当然あります。具体的にいえば、日米安保を廃棄し、日本の非武装を考える立場です。ただわたし自身は、それは結局、何か一国主義的な発想ではないかと思うんです。つまり、戦時中、軍によって独占されていたナショナリズム的なものを、戦後はむしろ憲法第九条を大切にすることで国民としての「矜持」(national pride) とした。グラック先生は、確かそれを「お守り」とおっしゃったと思います。「愛国主義」(patriotism) とはいいませんが、日本の知識人も、それは何か誇りにできるものとして守ってきました。しかしそうした一国主義的な平和の追求も、いま限界を見せているように思います。

こういうなかどういう対応をとるべきか。ひとつはアメリカとの徹底した同盟関係を追求していこうという動きがあります。日本の中でどちらかといえば保守的な人たちの多くが考えていることです。他方、やはり一国主義的な平和主義を求める動きもあります。逆にいえば、平和憲法というのは世界のミッションになり得るということで、平和主義を自ら世界に広げていこうという立場です。ただわたしはそうした立場にどこか違和感を感じるんです。憲法第九条は世界の宝です、日本の戦後憲法は世界に誇りうるものだという。その通りだと思う反面、何か違和感が残る。

そういうことを踏まえて、和田先生とともに、東北アジアの中で相互関係を築けないか、そのコアをまずつくって、東北アジアの中に平和的な関係を作り出すような実験が何かできないか、ということを考えています。わたし自身はそれしかないのではと思います。

しかしその地域主義こそ問題なわけです。この間三谷太一郎さんとお話ししたときに、戦後の平和主義が一国主義的なものになったことの原因についてお考えを伺いました。つまり一九二〇—三〇年代に日本では大アジア主義的な地域主義がはびこって、それが最終的に大東亜戦争にまで拡大していきました。すると敗戦後その反動で、そもそも地域主義を議論していくこと自体がタブーになった。歴史の悪しき遺産として。実はそのように地域主義が戦後タブーにされた分、平和主義において、憲法愛国主義、一国主義的な面がより前面に出てきたのでは、とおっしゃったわけです。わたしも同感です。和田先生も、当時の地域主義が持っている否定的なものを、いまどう克服して日本が周りの地域といかに相互関係を築いていくか、ということを考えられているのだと思います。それは決して地域ブロック的な発想ではありませんが、覇権に対するリアルな批判としてはそれしかあり得ないのではと思います。

ただ極東ロシアをはじめ、東北アジア地域については和田先生が一番お詳しいので、和田先生に少しお話しいただきたいのですが。

和田 アメリカ人の中には特徴的な未来世界像があります。例えば、名高いブジェジンスキー氏は、将来において世界的なパワーになり得るのはアメリカと中国であると言っています。ロシアにはそういう見込みはもうない。そして日本は近隣諸国との関係が悪いから、アメリカについてくるしかない。つまり、日本は地域的なパワーにはなり得ないが、アメリカにつけばグローバル・パワーの助手ぐらいにはなれるというのです。

他方で、ハーバード大学のロバート・ロスという中国学者が言うには、アメリカと中国の関係は心配ない。つまり中国は大陸国家で、アメリカは海洋国家であって、国としての性格が異なる。ですからアメリカとしては、朝鮮半島がすべて中国のものになってもかまわないということになる。アメリカは日本と一緒にやっていく。そうやって米中は共存できるんだという考えです。

結局、ブジェジンスキー氏は、対立的、ロス氏は共存的という差はありますが、ともに思い描いているのは、すべて一種の覇権主義的な世界ですね。そうした覇権主義に対抗するには、確かにいま姜さんがいわれたように、ニュー・リージョナリズム的な考え方が必要です。地域の中でみなが平等に協力し合う結びつきです。ただしその中には当然ながらアメリカも必ず入らなければならないとわたしは考えます。アメリカを抜いてそういうものを立ててはならない。アメリカ、中国、ロシア、そういうところがみんな入っている中に日本や朝鮮も入っているようなものでなければならない。そういうものを東北アジアで立てることが可能か、というのが姜さんやわたしがいま考えていることなんです。

確かに日本は、かつてリージョナリズムとして大東亜共栄圏構想を打ち出し、それをアメリカによって叩き潰されたという過去があります。ですから戦後は、そういう発想を一切捨てて、もうそういうものを打ちださないとある種誓約してきたわけです。ただそのことによってまさにグラック先生のおっしゃる日米の二国間主義症候群に陥ってしまったわけです。ですから二国間主義症候群から脱するには、やはり本当の意味での新しい地域主義が必要です。そのためにこそ明治以来のアジア主義から大東亜共栄圏構想までにいたるプロセスのどこに問題があったのかを明確に認識し、そこから訣別して、新しく問題を立てる必要があります。戦後はこの問題に、一切触れない、それまでのものをすべて断ち切るといった形で対処してきましたが、いまこそ歴史を振り返り、救えるものは救う、捨てるものは捨てるということが必要だと思います。この新しい地域主義へのわたしの思い入れは、それが「新しいユートピア」を考えるやり方だとみるからです。

ただ憲法についていえば、憲法をナショナリズムの基礎にしたというのは、一部の人の問題だと思います。もちろん戦争が終わったときの国民的な感情は、軍隊は自分たちを助けてくれないというものでした。それから天皇も、「平和国家の確立」という国家目標をいち早く九月四日の国会開会の勅語で打ち出しています。当時、それがどれほど強い印象を与えたかはわかりませんが、その後、そうしたメッセージは確実に広がっていきました。ですから戦争に負けたときの日本人の中に、これからは平和国家をめざすのだというコンセンサスはあったのです。しかしそのときに自分たちの過去に関わる他のものを全て振り捨て、地域主義もそれを考えること自体が一種のタブーとなりました。

時間のかかる地域主義

グラック ヨーロッパという概念自体そんなに古いものではないのですが、とにかく戦後ヨーロッパも、ＥＵをつくるには、結構時間がかかりました。そのためにはまずフランスとドイツの和解が必要で、そうした動きは一九四〇年代の終わりごろ始まったのです。そして一九九五年、つまり第二次世界大戦後五〇周年には、そういう歴史の流れもはっきりしてきました。ただそれは主にフランスとドイツと他の西ヨーロッパ諸国との問題で、一方、西ヨーロッパと東ヨーロッパの関係を考えると、その戦後の歴史的な経験は異なり、統合などより困難であることも明らかになってきました。つまり西欧から見れば、ポーランドとか旧ソ連の世界は、長い間、全く別世界とみなされてきたわけです。ですから新しい地域主義をつくるには時間がかかります。

同じように、アジアでそのようなプロセスが始まったのは冷戦が終わってからでした。つまり一九九〇年以降のことですね。もっとも、アジアでの冷戦が完全に終わったということではありませんし、それは現在も続いています。ですから、いまアジアでヨーロッパの地域主義と似たようなものを立てて行くには、時間がかかるでしょう。

そのためにはもちろん「戦争の記憶」という問題を、日本政府がきちんと解決しなければならない。そうした問題を放置していては、大東亜共栄圏という過去が必ず問題になる。

アジアという地域では、どういう経済的な関係、安全保障の関係をつくるべきか、これから真剣に話し合われるそういう時期だと思います。そのプロセスの中で、ドイツがナチズムの過去に向き合ったことで新しいヨーロッパが可能となったように、日本が大東亜共栄圏のあやまちを認識することでそれに変わる新しい地域主義が可能になるのでしょう。

東北アジアだけでなく、東南アジアも含めて地域を考え直す必要があると思われます。そして、経済、政治、そして究極的には安全保障関係まで拡大して考えなくてはなりません。日本とその平和憲法は、この地域のあり方を再考する上で重要な役割を果たすでしょうし、様々な問題は北朝鮮ではなく、中国から生じるでしょう。しかし、日本の政治家たちは狭いナショナルな枠を越えて、地域を考えるということに自信がなさそうですね。

和田　東南アジアについていえば、ASEANが長い経験を積み重ねてきました。ここも、もともと冷戦の影響を強く受けていた地域ですが、ヴェトナム戦争が終わったころから一歩抜け出して、地域的な関係をつくり始めました。その点、東北アジアよりも断然先行しています。そしていま進んでいるのが、ASEAN＋3というものです。ASEANに中国と韓国と日本が招かれて会議を開くようになりました。そこで「東アジア共同体をつくる」ということがいわれたのが去年のことです。そういう方向にもっていこうという点では、ある程度合意がなされました。

グラック　「共同体」という言葉は、避けた方がいいのではないですか。

和田　確かにそれは東亜協同体にも大東亜共栄圏にも似ているようにわたしには見えます。このことは本当によく考えなければならない。ただ推進者の意識としては、まず経済の問題として論じられているわけです。そしてそれに連関する形で、安全保障や環境問題が論じられる。実際これらの問題は、地域全体で考えなければならない。しかもアメリカ、ロシア、北朝鮮までもが加わって論じられなければ解決しない。しかしいずれにせよそういう動きがアジアにおいてようやく見え始めたのだと思います。

グラック ヨーロッパの地域統合も、一九四〇年代終わりの経済関係からはじまり、ゆっくりと他の分野へと広がりましたね。

アジアにおける地域主義の行方

姜 EUも結局石炭・鉄鋼同盟から始まった。そしてそういう石炭・鉄鋼の問題においては、小さな国がまず大きな役割を果たしたわけですね。

グラック ベルギーなどの国ですね。

姜 そうです。ベルギーやオランダには、EUの様々なヘッドクォーターの機関がたくさん置かれています。ですからこういうリージョナルなものを東北アジアで考える場合にも、和田先生がいつもおっしゃっているように、中小国家、とりわけ朝鮮半島がその中心にならなければならない。場合によってはまず韓国がそうなるかもしれません。そしてその韓国と日本がもう少し強いパートナーシップを結び、リージョナルなものを立ち上げる際にその中心になって動けるのではと思うのです。

グラック　しかしそれは二国間関係ではありませんか。

姜　二国間関係かもしれませんが、それでもやはり日韓関係は、この間いい関係がつくれそうな状況がずっとありながら、いつも過去の問題に翻弄されている面がある。この状況を何とかしなければならない。

そしてリージョナルなものの立ち上げについては、具体的なビジョンはいろいろ考えられるわけですが、それを実現していくには、やはりどこかコアとなる部分が必要になります。それは決して、ヘゲモニーを求めるという意味ではありません。しかし現在でも、アメリカの「覇権の習慣」に寄生して生きるような、日本の「パラサイトの習慣」、「従属の習慣」が根強くある。そのことが、日本の国内の現実政治の上で、目に見える形でいろいろな問題を引き起こしそうな状況です。

ですから東北アジアにおけるリージョナルなものの立ち上げには、実は意外と日本がイニシアティブを握っているのではないかと思います。その場合、問題となるのが現状のような日米関係です。つまり、アメリカとの関係をどうするか、「パラサイトの習慣」からいかに脱却するか。こういうことを抜きにしては、東北アジアにおける地域主義は考えられず、両者はコインの裏表の関係にあると思います。

和田　過去の戦争に対する反省の問題もありますが、いずれにせよ実際上、日本がイニシアティブをとっていくのは、平和憲法があるとしても無理があります。ですから現状でイニシアティブをとっているのは明らかに韓国です。ですからそのイニシアティブをわたしは評価していて、そういう韓国の動きに日本も呼応する形で、韓国をもっと積極的にサポートして、一つのチームになって動けないかということなんです。それに伴って、アメリカとの関係も新たなものにしていく。

グラック　日本のことを発言する資格はあまりありませんが、日本がなぜいつまでもアメリカのナンバー・ツーでいたかったかといえば、やはりこの戦後五五年の間、非常に快適（comfortable）だったんだと思います。心地よい（cozy）へゲモニーだった。そのようにしてアジアのことが視野に入らなかった時期が長く続いた。この心地よい日米関係からもう出なければならない時期になってきた。しかし問題は、アメリカか、アジアか、という二者択一的な発想ですね。そういう選択肢の立て方は間違っていて、過去の過ちの繰り返しになりかねないと思います。

姜 全く同感です。

和田 その点、わたしはヴェトナム戦争のときの経験からして強く思っていますが、重要なことはアメリカの中に外と結ぶ力があるということです。アメリカ人を含めた相互関係でなければならない。

グラック わたしもそう思います。そしてそういうことは不可能でないと思うんです。

和田 ですからアメリカ人の考え方が、やはりこの場合でも決定的です。みんなもアメリカから離れては生きていけないと思い込んでいますが、実際、そういう関係性になっているのだと思います。ですから、どうしてもアメリカ人も含めて一緒に考えていかなければならない。

グラック おっしゃるとおりです。とくに安全保障問題はそうでしょう。まず、アメリカ覇権への従属から離れて、その上であらためてアメリカを含めた地域秩序を考えることができるでしょう。

日本と韓国は、少しずつ、以前フランスとドイツがしたように、もう和解の道をたどりはじめているのではないでしょうか。時間がかかっても、かならずそうなるのだ思います。ただし、これから先はもっと複雑になるでしょうから、二国間関係では不十分なのです。それを基礎にして、隣国関係をつくり、その中で地域的なバランスをとって、バランス・オブ・パワーといった力関係でもなく、覇権システムでもない、むしろネットワークとしての地域や、国際関係のようなものをつくっていかなければならないでしょう。

「部屋の中の八百ポンドのゴリラ」と「井の中のクジラ」

グラック もちろん問題はアメリカですね。言うならば、常に「部屋の中の八百ポンドのゴリラ」(the eight-hundred-pound gorilla in the room) なのです。つまり、同じ部屋の中にすわり込んでいる八百ポンドのゴリラ、この場合アメリカですね、の存在を無視するのはたやすいことではないのです。おそらく、唯一の解決方法は、「部屋」を、アメリカは参加すれども、支配しないようなネットワークへと転換することでしょう。ヨーロッパで拡大するNATOは、まさにこの方向へ向かっています。

和田 何といってもゴリラはすでに部屋の中に入ってしまっていますからね。これをどう新しい関係に組み込んでいくかが重要ですね。その点、日本としては、これまでの懐に抱きかかえられたまま心地よく過ごしてきたアメリカとの関係を新たなものにしていく必要がある。

姜 アメリカが「八百ポンドのゴリラ」であるとすれば、韓国の金泳鎬《キムヨンホ》という和田先生と親しい経済学者は、日本は「井の中のクジラ」だとよくいっていました。これだけ経済的に大きなクジラが、井の中にいたままで、なかなか大海に出たがらないと。

グラック その例えはおもしろいですね。本当にそうです。

姜 ある意味では、両者とも似通っているからこんなに仲がいいのかという気もするんですが。

アメリカにとっての隣国

編集部 ゴリラの例えは、アメリカは巨大な島国で、周りのことをあまり考えられていないということですね。その点、すぐ隣のメキシコとアメリカとの関係はどのようなものだったのでしょうか。この一五〇年にしてもはじめからいまの国土があったわけではなく、米墨戦争でメキシコから領土を獲得しました。そして今日においてはメキシコから多くの移民が入っている。そういう意味では周辺地域、とりわけメキシコをぬきにして今のアメリカのあり方は考えられない。言語の問題にしてもそうですね。

グラック お恥ずかしいかぎりですが、わたしはアメリカ史のその部分についてはあまり詳しくありません。数年前に初めてアラモに行ったとき、わたしはその有名な戦いが一八四〇年代のメキシコ―アメリカ戦争で起こったのだと思っていました。ミュージアムの警備員がわたしを厳しく正しました。アラモを守り、後にテキサス共和国（the Republic of Texas）の独立を宣言したのは、合衆国ではなく、テキサスだったのです。彼はわたしに、家に帰って「アメリカ史をちょっと勉強しなさい」と言いました。

しかし、おもしろい質問だと思います。というのも、メキシコにとっても、カナダにとってもアメリカは八百ポンドのゴリラなのです。両国ともアメリカが押し掛ける重みについて不満なのですが、どちらもアメリカ経済なしではやっていけないのです。ＮＡＦＴＡは地域経済共同体を創る試みですが、アジアでの試みとは異なります。わたしが思うに、そのアジアの「部屋」の中では、日本と中国が二頭の四百ポンドのゴリラなのです。そして、北アメリカでの国際関係を悩ます経済やパワーの不平等は、国々のその地域での役割を中心に展開しているのです。

アメリカ合衆国への膨大な数のラティーノ移民（中南米出身の移民）についてですが、かれらは、メキシコだけでなく、ラテンアメリカ全体からやってきていますし、西海岸や南西地域だけではなく、合衆国全体に散らばっています。多くの大都市でいまやスペイン語は第二言語ですし、ラティーノ政治家の影響力も拡大しています。しかし、アメリカ合衆国で常に最も不利な立場にあり、差別を受けているのは、移民ではなく、アフリカ系アメリカ人なのです。

「日米関係」は重要ではない

「日米関係」はそれほど重要ではない

姜　グラック先生はこれまでのメールでの議論の中で「北の習慣」ということをおっしゃっていました。その問題は、九月一一日の問題にまでつながっていると思います。九月一一日の事件で明らかになったのは、南北間格差の極大化の現状ですね。ツインタワービルには数十カ国の外国人労働者もいたといわれています。まさにそこにはマルクスが描くような「スウエット・ショップ」（奴隷労働的な作業場）が存在していた。つまり南北の格差を如実に示す場所でもあったわけですね。

グラック 率直に申し上げて、わたしたちは日米関係の重要性を誇張しすぎる傾向があるようです。Ｇ７のほんのわずかな国が世界の富のほとんどを所有しています。その一方で持つ国と持たざる国の格差は毎年広がっています。先進国同士の二国間関係や、多国間関係よりも重要なのは、「南」の経済的、政治的に不利な国々からの挑戦なのです。

ここでも「歴史の習慣」が作用しています。国際関係がグレート・パワーの相互関係に切りつめられてしまう「習慣」です。必要なのはもちろん、豊かな国が貧しい国を助けるように協力することです。ＩＭＦ、世界銀行、そして日本のＯＤＡのような機関、制度は、わたしがよぶ「三分の二の世界」（two-thirds world）のためであるといいますが、実際は、先進諸国の利益のためのものです。トランスナショナルなＮＧＯはアフリカやバングラディッシュのような場所で、グレートパワーの機関よりもよい働きをしている場合が少なくないのです。

それは「北の習慣」というものが、あまりに「エスノセントリック」（ethnocentric）だからです。日本人はよくヨーロッパ中心主義を批判しますが、今日の地球規模で考えると、日本は欧米となじく「北中心主義」（North-centric）の一部なのです。

「北中心主義」は「九・一一」とも関係しています。アメリカ資本主義とグローバルパワーだけが、その攻撃目標だったのではありません。中東には長期にわたるアメリカの行動の歴史に対する悪化した感情がありました。（石油を持つ）南の国は、アメリカの帝国主義的操作と、その国の人々への無関心の最悪の対象となっていたのです。

広範なグローバルなスキームの中では、HIV／エイズから飢餓やテロリズムに至るまで、国際社会の将来を左右するのは「南」の状況であって、日米関係のような些細な事柄ではないのです。

アテンションのエコノミー

姜 「非対称」(asymmetry) の問題ですね。メディア、経済、軍事における非対称性。それからそもそも関心がもたれていない。

グラック そのとおりなのです。それは二重の非対称、つまり「力の不均衡」(disparity of power) と「関心の不均衡」(disparity of interest) ですね。一五〇〇年間の日米関係を特徴づけた非対称と同じようなものが、今日、南北関係を悩ましているようにみえます。

姜 アテンション（注意・関心）のエコノミーということですね。どこにアテンションを置くか。

エコノミーというのは、アテンションを配分するという意味があります。振り返ってみれば、われわれは生まれたときから、アメリカというと、もうそのようになりたくてなりたくて仕方がない対象だった。自分自身にとっても中学時代ぐらいまで、アメリカは、この世に実現されたユートピアのような存在だったわけです。あんなふうなキッチンの中に、ああいう白人のお母さんがいて、モダンな家族の団欒があるような、そうした生活様式のことですね。こうしたアメリカニズムがいまも世界を席巻している。実際、わたし自身、九・一一事件までアフガニスタンのことなどほとんど何も知らない状態でした。

自分自身のことを考えても、一九六〇年代においては、わたしたちのような在日コリアンはほとんど関心を持たれていなかった。先駆的な知識人といわれる人々の間でも、いわゆるマイノリティに対する関心は非常に希薄だった。考えてみれば、一九六〇年代から一九七〇年代初頭まで、自分の国である韓国やマイノリティとしての自分たちの存在は、日本社会のアテンションの対象ではなかったんです。もちろん何か問題が起きると、その度に過剰で歪なアテンションが生じる。それは非常にアグレッシブであったり、そうした問題や事件を処理するためだけのものになる。それがもっと大きなスケールで起きたのが九月一一日の事件でしょう。にわかにイスラームといったものがアテンションの対象になる。ですから経済の不均衡という問題だけではなく、文化や学問やメディアをはじめ、人間的なアテンションの絶対的な不均衡がそこにはあるわけです。下手をすると、アメリカ人一人にアフガニスタンの人、百人がちょうど対応するような形でテレビ・ニュースや紙面がつくられる。しかもわれわれもそうした不均衡に、常に馴らされている。日米関係もそうですが、日本と韓国の間に存在する不均衡も似たようなものだと思います。

グラック そう、似ていますね。

姜 つまり自分たちはこだわっているのに、相手はほとんどこだわりを見せない。そういう不均衡が大国間にも、あるいは日韓の間にも存在するわけです。ですから大切なことは、そういうアテンションのエコノミーをもう少しバランスのよいものにしなくてはならない。それは単に西洋が中心か、あるいは中心ではないのかという議論ではありません。ポストモダンと呼ばれる新しい学問潮流や脱構築といった思想にしても、結局、ある意味で西洋中心の逆立ちしただけのものでは、と感じています。もっと重要なのは、そうしたアテンションのエコノミーを変えていくことだと思います。その上で新しい学問や文化のあり方を模索していかなければならなかったはずなんです。そうした認識や関心の持ち方自体を改めていくには、どうしたらよいでしょうか。

グラック 難しい問題ですね。

だれが「南」を代弁するのか？

和田　社会主義崩壊後の時代を、わたしは当初「世界戦争の時代」と考え、その次には「世界経済の時代」だと考えました。そう考えていたら、わたしの予想をはるかに超えるスピードでグローバル化が進み、つまり恐ろしいほどの勢いで情報が世界を一つにしていくような状況になりました。そして、そうした急速な情報化の中で貧富の格差、南北格差はますます極大化していった。

意識の面でも同じ現象が生じている。「遅れた世界」の人が「進んだ世界」の情報を瞬時に大量に手に入れようとするようになりました。一番象徴的なことは、ソ連崩壊後のロシアです。ロシアに行ってみると、あらゆるチャンネルでアメリカの映画ばかりが流されています。もちろんおもしろいものもいっぱいある。コミカルなもの、まじめなもの、子供向けのものもある。しかしそういうアメリカのものを繰り返し、繰り返し流しているわけです。そのように瞬時に情報が入る世界において、かえってギャップが非常に明瞭に認識されていく。非常に深刻な問題ですね。

先進国のアリバイづくりのような援助ではなく、本当に「南」の人たちが自立できるような援助を先進国がしていかなくてはならないというグラック先生のお話は全くその通りだと思いますが、その際、やはりメディアの問題は重要だと思います。ですからテレビの問題を重視して、それぞれの国の人々の生活がわかるようなドラマ、そういうものをもっと交換していくとか、「南」の人々の声を、もっと反映するような番組をつくるとかが必要です。アフガン戦争の際、イスラーム側の見方を報じるテレビ局アルジャジーラができたということは、非常によかったと思います。ですから関心、アテンションの不均衡を少しでも解消していくような努力を一方でしながら、実際のメディアの中で可能な対応をどんどん行なっていくということも大切だと思います。

姜 いま和田先生には、メディアの問題とあわせて意識の問題もご指摘いただきましたが、メディアにおける情報伝達のスピードが高速になればなるほど、ギャップが瞬時にわかる。つまり、メディアに触れれば触れるほど、この世界に存在する「不公平さ」(unfairness)、「不正義」(injustice)のようなものをより意識するようになる。そういうときにウサマ・ビンラディンのような人物が――彼はある意味では知識人でもある――が、いわば代理行為をしたわけです。やはり世界のかなりの部分が九月一一日の事件に対して歓声を上げたのではないでしょうか。とりわけ「南」側においては。パールハーバーのときにも、日本の知識人は喜びました。日記などを読むと歓声を上げて喜んでいるわけです。今度の事件でも、中国の一部でもかなり内心は喜んだといううわさもある。非難されるべき暴力的行為ですが、そういう反応を起こしたという事実もまた間違いなくあったわけです。問題は、そういう声を、だれがどのように代理・代弁しているかということですね。

一九五〇年代にはアジア・アフリカ会議など、それなりのムーブメントが存在しました。しかし、もしそういう代弁が全くなくなってしまえば、やはりああいう暴力的な対応は、むしろ今後も出てこない方が不思議だと思います。

グラック　「アテンションのエコノミー」というのは、いいことばですね。そしてそのアテンション、関心といったものだけではなく、「尊敬」(respect) ということも必要だと思います。つまり、尊敬のこもった関心こそ大切です。

またメディアの問題についていえば、わたしは少し意見が異なるかもしれません。最近の研究によると、テレビ番組については、やはりはじめはどこの国でも外から輸入しているそうです。チェコであればドイツから、日本ならアメリカからという具合です。徐々にその国の中で番組をつくり始め、少しずつバランスがとれてくるそうです。インドはその一つの例です。ヒンディー語だけではなく様々な言語の番組が放映されています。初めこそ英語で始まったインターネットも、似たような形で少しずつ変わりつつあるそうです。ですからアメリカによるメディア支配といったものも、一つの段階にすぎないと思います。アルジャジーラだけでなく、イラン人がロサンゼルス近郊から発信するペルシャ語の衛星テレビ、アフリカの田舎でのラジオ放送、そしてほかにもそのような例はあるのですが、これらは北支配のグローバルメディアに対するローカルな対抗勢力となっているのです。

和田 いま日本と韓国では合作のドラマなど、いろいろ番組の共同制作をしています。討論会などもあり、この間も、NHKと韓国のテレビ局が日韓知識人の座談会をやり、それぞれの国で流すということをやりましたが、そのような試みは初めてだったそうです。

グラック 日本語と、韓国語でやるわけですね。とてもいいですね。

和田 アメリカの映画にはやはり魅力がある。みんなが喜んで見たがるからこそ視聴者がいるわけです。それはいいんですが、やはり少しずつでも違ったメディアがつくったもの、その地域の人の声を反映するような番組をもっと交換していかなければならない。そうやって少しでも外の世界の人が何を考えて生きているか、を知るようにならなければならない。

グラック そういう試みはヨーロッパでは盛んにやられていますね。でもそれもやはりフランスとドイツの間、あるいは日本と韓国との間で、といったことなんです。そうしたところでは交換は可能です。しかし「南」のことは、ほとんど入ってきません。交換にもやはりベースが必要となってしまう。

和田 「南」の国々に行って取材をし、その人たちの声をメディアにのせる。そうしたことは、それぞれのテレビ局がやっています。その際、もう少し、そちらの方の主体でこういうことを訴えたいということをとり入れていくことは、ある程度は可能だと思います。おっしゃるとおり、難しい問題がありますが。

グラック その点、一番成功したのは、ワールド・カップかもしれません。一九九四年、一九九八年のワールドカップでは、世界中の人々が自分なりに同じテレビイベントをじっと見守ったということが印象的でした。それは、「北」流の国際スポーツイベントであるオリンピックとは明らかに異なっていたのです。

自国中心主義的なテレビ・メディア

姜 ですから口ではオルタナティブ・メディアといっている割には、それは広がりを持たなくて、メジャーなメディアが世界的な組織で動いている中で、やはり人がそこに参画するわけですね。しかし例えばフランスの場合なら、ジダンがルペンを批判したりといったそういう現象も時々生じる。フランスにおけるジダンというのは、日本でいうとおそらく野球の長嶋茂雄とだれかを足したぐらいの人間だと思いますが、そんな人がルペンを批判すれば、多くの人はジダンにつきますよね。何かそういう思わぬ結果も出てくる。

グラック わたしたち知識人は軍のような機関に直接影響を与えられないかもしれませんが、メディアはわたしたちの手の届く範囲にあります。そして、メディアが重要であるということはわたしたちみなが信じるところですから、メディアを非難するだけでなく、自らの批判を伝えるためにそれを利用するのもわたしたちの責任なのではないでしょうか。

和田 それは確かにそうですね。

姜 アメリカのABCというのは、民間ですよね。その点、日本にはNHKがある。BBCをちょっとまねしたりしていますが、放送法でがんじがらめの状態にあることは事実ですからNHK自体がいいか悪いかは別にしても、BBCをまねしたとはいいながら、実際にはBBCとはかなり違う。

グラック 違いますね。

姜 しかしだからといってメディアを市場原理に任せるとすれば、先ほど和田先生がおっしゃったとおりオーディエンスのつく、市場価値のあるものだけが流れてしまう。メディアにおいて、どのようにノン・マーケットな領域を確保するかはとても難しいですが、重要な問題ですね。

実際の問題としては、ＮＨＫの民営化はまだ案としては出てきていない。それは裏を返せば、推測にすぎませんが、政界とＮＨＫとの関係がそう悪くないからだと思います。放送法によって組織が守られている分、直接的な検閲ではないにしてもソフトな「検閲」(inspection) があると思われます。あるいは「検閲」とまでいかなくとも、それ以前に自ら自重してしまうということがありうる。そうなってしまえば、番組の内容も変わってしまいます。最近のＮＨＫをみていても、社会のメインストリームの考え方に抗うようないい作品が前より少なくなってきているような気がします。

しかしやはりＮＨＫのような非営利的なブロードキャスティングがあり、それが可能なかぎり政府のコントロールも逃れ、そうしてマーケットに自然に任せてはなかなか流れないようなものに触れさせることが大事だと思います。

その点、アメリカと日本とではテレビ放送のシステムがそもそも違うと思いますが、アメリカの場合はどうでしょうか。例えばＣＮＮは、世界のいろいろな情報を伝えてくれますが、一方で今回のような事件が起きるとやはりアメリカ中心主義を免れることができず、むしろそうしたトーンがぐっと強くなりますね。

おそらくアメリカでは基本的にはすべて民営化されているのだと思いますが、そういうメディアの不均衡を是正するようなメカニズムはあるんでしょうか。

グラック　ありません。ただアメリカにはＰＢＳ（Public Broadcasting System）というものがあって、マーケットの原理には則っていないはずなのですが、それは経済的に困難なため、やはり他の放送と同じように「視聴者（オーディエンス）」を大事にしなくてはならないのです。

わたしの知るかぎり、どの国のどのテレビニュースも一国中心主義的です。その点「ＢＢＣワールド・ニュース」は非常にいいサービスです。でもそれも、長い間強固に存在したイギリスの帝国主義的な考え方の遺産です。ですから、非営利であるか、民間であるかを問わず、ナショナル・メディアの「自国中心主義」（ethnocentrism）は、放送における真のトランスナショナルな言説を確立することを難しくしていると言えるでしょう。

和田　ただ面白いのは、一九七〇年代の民主化運動の関係者だった人が、いま韓国のＫＢＳという国営テレビ局の理事長になっていて、その人がいろいろと新しい問題提起をしているんです。

姜　ただほとんどの場合、メディアは、政治家が選挙区を常に気にするように、自国のネイションに、絶えず関心をもつわけですね。

グラック　「ネイション」（nation）ということでいえば、アメリカは広い国です。そのため例えばイリノイ州でテレビを見れば、主にイリノイのニュースが出てくる。シカゴの新聞を読んでも、世界のことはあまり出ない。しかも国全体のことよりも、みんな身の回りのことに興味がある。『ニューヨーク・タイムズ』紙、『ワシントン・ポスト』紙、『ウォールストリート・ジャーナル』紙を除いて、アメリカの新聞はみな意外にローカルです。

和田 しかし日本におけるメディアと政治の問題について考えますと、いまテレビが日本の政治に非常に大きな影響を与えていて、大きな問題となっている。政治のワイドショー化です。ほとんど芸能ニュースと同じような感じで政治が論じられる。ですから政治に対する関心は一見高まっているわけですが、その関心の内実を考えると怖ろしい状況です。ですからテレビの問題は、本当に気になります。

姜 世界中でメディアにおける情報が、何かマーケットにおける商品のように瞬時に消費して瞬時に忘れられてしまう。情報化は進んでいますが、ある意味で他者に対する関心が、ここまでなくなった時代もなかったのではないかと思います。

歴史の終わり、イデオロギー闘争の終わりということをF・フクヤマが言いました。彼の言っていることは全く間違いだと思いますが、一つだけリアルなのは、「退屈だけれども、小さな世界の中で人は安住するだろう」ということですね。それは実際には幻想にすぎないにしても、やはりそのような風潮は感じられます。日本でも、おそらくアメリカでもそうです。あまり大きなことを考えない、他者に対して関心を持ちたくない、あるいは持たなくても済むという。下手をしたら自分自身もそうなりかねないわけですが、多くの人にそういう感じがあるように思うんですね。

エリート、リーダーたちの世界認識

姜 その点、九・一一事件をメディアはどう伝えたか。メディアにおいても伝えるべき情報が比較的上手く一元化されたと思うんです。だから画面を見ていても、何かスペクタクルとして遠くから見ているだけのような感じでした。本当の意味でのリアリティが感じられない。

グラック わたしたちにとっても、リアリティはなかったのではないかと思います。

姜 ニューヨークにいてもそうですか。

グラック 最初はそうでした。画面のスペクタクルは信じがたいイメージを流して、現実とは思われなかったのです。

姜 そういう中で事件の背景にある南北格差といった問題をどう考えていくべきか。見たくないもの、関心を持ちたくないもの、持たなくて済むものに対して、人のアテンションをどう向かわせていけばよいのでしょうか。

グラック いま議論は、とても広い領域にわたる大きな話になってきました。おそらくわたしたちは全ての人の「アテンションのエコノミー」を変えることを期待するのではなく、経済的、政治的エリートに注目するべきでしょう。南北問題に直接影響を与えているのは、彼らのアテンションの欠如なのです。

姜 ビジネスでもジャーナリズムでも、ある種の「パブリック・フィギュアー」(public figure) というんでしょうか、もしくはそういうような力を持っている人たちですね。

グラック そう、要するに「パブリック」(public) で活躍する人たちです。

留学と世界認識

姜 その点、教育の問題がありますね。東南アジアや東アジアで、大学でPh・Dをとるのは、やはりアメリカでなんですね。例えばある元金融担当だった官僚OBによると、アメリカに行ってPh・Dをとって、日本で会議をすると、同窓会になってしまうといいます。中国でも共産党幹部は、おそらくアメリカに留学させたいと思うでしょう。日本は当然そうだし、韓国も同様です。つまりメディア以外にも、知や学問の領域においても、アメリカ中心になっている。しかもそういう傾向が加速度的に強まっている。

グラック 例えば最近の東南アジアであれば、一番のトレンドは、日本の大学に行くことではないですか。韓国やシンガポールの学生にとってもそうではないかと思いますが。

姜 韓国から日本に来る学生は増えましたが、それでもやはりアメリカでPh・Dをとった方が……。

グラック たしかに留学とPh・Dの話は、ちょっと違いますね。

姜 Ph・Dをとって金融当局者になる人間たちがアイビー・リーグのどこかにいるわけです。そういう形で金融が支配される。つまりエリートをつくり出すシステムがそうなっている。やはりアメリカでPh・Dをとった方が、現実的にはエスタブリッシュ化されるわけです。

そういう知のあり方は、どうやれば変えられるのか。もう少し分散化すべきだと思います。例えば、日本もそういう役目を担ってもいいはずですし、韓国や中国も同様です。いずれにせよそうしたエリート育成システムの不均衡はもう少し是正されてしかるべきだと思うんですが、むしろ最近はその傾向が強まっているように思います。

グラック たくさんの留学生がアメリカのPh・D・プログラムにいるのは、いくつかの理由があります。合衆国の経済的、文化的な魅力は別として、かれらを招くのはそこにあるたくさんの機会なのです。アメリカの大学は世界でもっともオープンで、アメリカの学生に対するのと同じ基準で留学生にも奨学金を与える場合が多いのです。実際に、あまりにオープンであるため、右翼はアメリカの大学が科学者や技術者を世界全体のためにトレーニングしていることに不満を述べています。もっとも、彼らはそれほど世界的なビジネスマンについては心配していないようですが。そしてもう一つ、アメリカほど簡単にPh・Dが取れる国はほかにないのです。

しかし、事情は変わりつつあります。ヨーロッパの大学はソクラテス計画という交換プログラムをもっていますが、それは北東アジアの国々での学生交流のモデルとなるでしょう。最も重要なのは、交流が多方向になされることで、日本の学生が韓国や中国で学ぶという具合に、一方向にならないことです。さもなければ、アメリカと世界との間にあるような、新たな不均衡がその地域内に生じることになります。

和田 日本の大学も少しずつ変わってきているし、努力次第でもっと変えられると思います。実際、例えば韓国から日本に来る留学生はだいぶ増えてきている。だんだんそういう人たちが自国に帰って、あちらで活躍するようになり、そのような人々がふえてくれば、相互理解ももっと早く進んでいくのではないでしょうか。テレビメディアのあり方をを変えるよりは、もっと工夫や努力の余地がありますね。重要な問題だと思います。

グラック 最近のシンガポールでも、アジア諸国との学生の交換が行なわれています。現状では中国系の人たちが中心ですが、やはりヨーロッパでの努力と同様に、そこには地域的な意味がある。インドネシアの学生とフィリピンの学生とシンガポールの学生が一緒に大学院で学ぶ。そしてアメリカのフォード財団が、そのために巨額のお金を出しています。

注意や関心の在り方の問題をどう解決していくかという点については、これはわたしの意見ですが、「知識」(knowledge) だけで相互理解が進むとは思えません。むしろ経験に非常に意味がある。例えばフィリピンの人が、他のアジア諸国の人々とシンガポールで一年間過ごしたとすれば、他には代え難い何かしら一生涯影響をもつ経験となるでしょう。メディアよりも、やはりそのような人間の交換こそ重要だと思います。

姜 そうですね。だから日本からアメリカに留学する場合、やはりステイタスをアップさせるという、ヒエラルキーを上がっていくための手段になりすぎている。結局そういう形で留学が進められてきた。けれどもやはりアメリカに行って、アメリカの中の様々な問題、第三世界的な状況に触れるような人も、たまにはいる。しかしやはり現状では、いまの若者を見ても、アメリカに行きたいというのはやはりスキルアップしたい、ステイタスを上げたいという人が多い。

グラック コロンビア大学にも、海外からの学生が非常に多いのですが、一〇年前にある日本人大学生がいいました。「コロンビアに来てから僕がアジア人であるとわかった。なぜかというと友だちの韓国人、台湾人、中国人、シンガポール人との接触があるから。それは日本ではなかなかできない経験だ」と。第三の国でそういう経験が得られるわけですね。

姜 そうだと思います。オーストラリアやアメリカの大学で、日本人と韓国人のカップルができたりすることも多いそうですね。

沖縄の問題——二国間主義では解決しない

姜 それと僕のところに、いわゆるアメラジアン系の学生が一人来ていますが、日本からアメリカに留学するときに、アメリカのニューヨークのどこそこはよく知っていて、あるいはボストンのどこそこはよく知っていてというんだけれども、日本の「内地」から行った学生たちが、やはりそういうアメラジアンとの関係があって向こうでいるような学生と接触をした場合に、どういう反応を示すのかといったことですね。彼女自身、一言でいうと、最初はものすごく、いわばアジア的なものを全部消したかった。可能なかぎり白人に近い方向で動きたかったという時期があって、やがて沖縄に来てみて……お母さんのところですけれども、そこでいろいろ学ぶ中で、かなりそれはいろいろ問題を含んでいることがわかってきて、今度は韓国にもアメラジアンがたくさんいるんですが、いまではその問題にも触れながら研究と活動をしています。

ですから日本の社会が抱えている問題に、留学をする前にある程度アテンションを持っていれば、アメリカに留学しても、そこでいろいろと発見できることがあるはずだと思うんです。しかし残念ながら、エリートほどそういう問題が見えてこない。向こうに行って、早くPh・Dをとって、早く日本に帰ってきてステイタスをアップさせるというだけです。

いまお話ししたことにしても、そもそも日本にいる間に沖縄に対するアテンションが基本的になかったことの問題だと思うんです。

今度の九・一一事件により、沖縄への修学旅行も極端に減りました。観光客も通常より七割も減少した時期があったそうです。結局、危ないからということですが、沖縄の人からすれば、自分たちはいつもそのような危ない状況の中で生活をしているわけです。ここにも、アテンションの不均衡があります。こういう問題が、九月一一日の事件により、実は見えてきたわけですね。本土復帰三〇年といいながら、沖縄のことが本質的に問題になっていない。沖縄に対する関心はむしろ薄れている気がします。

和田 沖縄は占領された後、米軍基地になった。実は戦争が終わらないうちに、日本政府は、沖縄はアメリカに渡してもいいと考えていた。北方の島、つまり南千島は、どうやっても日本に残したかったわけですが、沖縄は占領されてしまったから、これはもうアメリカに渡してもいいという考えでした。沖縄では地上戦となってあれほどの犠牲を出したにも関わらず、すぐにそういう対応をとってしまう。つまり必要であれば、いつでも切り離せる周辺と見なされてきたわけです。だから、そういうところにいまだに基地があるわけです。

沖縄の人が本土と平等にしてくれと主張したらいいと思います。もし安保が大事だというなら、負担も全てパーセンテージで割ってくれと主張すべきです。

確かに事実として沖縄の基地は重要な基地になっている。日米安保条約も基本的に日本にとっては重要な条約だということですが、しかしここはやはり何とかアメリカを説得して、もう少し沖縄の人たちの望む形にしていかないといけない。この状況をずっと続けることはできないと思います。もちろんその際、基地の利便性は少々下がるでしょう。けれどもそういう不便はある程度覚悟して、むしろ沖縄にもっと自由を与えて、沖縄と台湾の関係などももっとオープンにして、といった形で沖縄が生きていく道を切り開いていかなければならない。

何か事があると沖縄は基地として使われるわけですから、最終的には台湾と中国の問題が重要となる。ですからそのためにも周辺地域を安定させることなしには、沖縄の基地問題は解決しません。本当にそういうことが、アメリカと日本との間で議論されていかないといけない。

姜 沖縄というのは、日本において「南」というものを一番わかりやすく示している場所ではないかと思います。ですからそこで日本が「南」にどう関わるかが問われるわけです。その点、本土復帰後の沖縄復興策でとられたのは、土建国家のやり方です。ゼネコンが入り、何兆円というお金を注ぎ込んだ。しかしなかなか経済的な自立には結びついていない。そして依然、基地は存続するなかで、土建事業への補助金で何とか慰撫するというか、なだめるということが続けられている。そうやって一九七二年以来、土建国家的、土建行政的な体質を、沖縄に植えつけてしまった。そしてこの三〇年間に、沖縄の環境・風景はひどく破壊されてきました。

つまり日本は、沖縄でやっているような土建行政を、「南」側に対して巨大プロジェクト等々としてやってきたわけです。しかしそういう現状で沖縄とどういう関係を結ぶかという点で重要になるのが、アメリカとの関係です。

グラック 日本とアメリカと沖縄は三角関係だと思います。日米関係に沖縄が利用されているわけです。日本の沖縄に対するアテンションが希薄なのはずっと前からです。日本もアメリカも両方責任があると思います。

和田 この間加藤紘一氏が参考人招致で国会に呼ばれたときに、次のように述べました。「村山政権として何か大きな足跡を残すならば、沖縄の基地問題の解決だと思ったんです。沖縄の基地問題の解決で一番重要なのは、北朝鮮問題が解決することです。」だから自分は党内の了解を得て、北朝鮮との関係改善をやったんだ、しかし、やったら結局ＫＣＩＡにやられて、失敗したと話しました。国会議員を辞職する最後の場でそう言ったのです。ほとんどみんなの関心を引かなかったようですが、沖縄の問題を、そういうふうに北朝鮮から変えていこうとした自民党の政治家は初めてです。また、沖縄の問題を考える場合、最終的には、中国と台湾の関係が問題になります。

姜 ですから二国間主義でやっているかぎり沖縄の問題はいつまでも解決されない。これからいかにこの地域において多国間的な関係を築いていくか……「いうはやすし」なんですが。

グラック 日本とアメリカの両方の反応を得るために、プレッシャーをかける必要があるでしょう。現時点では、どちらがより硬直的なのか知るのはむずかしいのですが、おそらく日本でしょうね。沖縄は、そういう地域ネットワーク構築が閉ざされた二国間関係をうち破るのに一役買うことができる場でしょう。

姜 だからそのためには、やはり東北アジアの中のそういう危機的な状況をなくしていかなければならない。そもそもアジアにおいて平和的な安定を築くことができないかぎり、沖縄から基地がなくなることはないわけですから、ただそのまま放置されるだけです。具体的にはまず北朝鮮の問題がある。沖縄の問題を二国間関係だけで考えていけば、米軍が出ていっても、そこが日本の基地になるだけです。今後どう考えていったらいいのか、すぐには答えは出ませんが、いずれにせよ、今回のわれわれの議論の中でグラック先生が初めにおっしゃった日米の「二国間主義症候群」というものから、われわれ自身が脱していかないかぎり解答は出ない、ということだけはいえると思います。

編集部　「日米関係」をテーマとした半年あまりの議論でしたが、結論としては、むしろこうした「日米関係」といったものに囚われずに、真のアジアを観る眼、世界を観る眼をわれわれ自身が身につけていかなければならない、というお話だったように思います。長期間にわたり誠にありがとうございました。

III 九・一一事件からイラク・北朝鮮危機まで

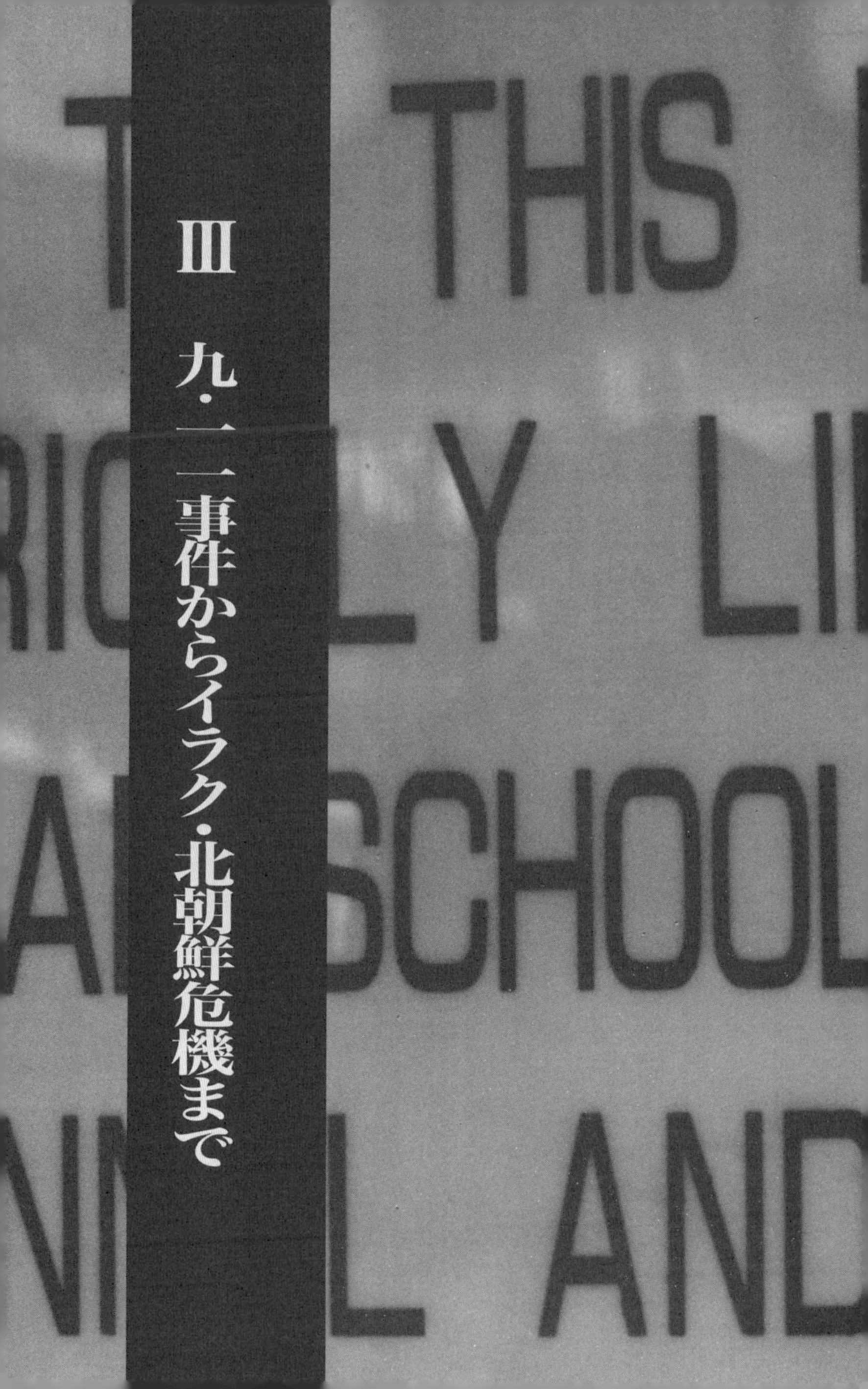

「戦後半世紀あまり、東北アジアに隣国との相互交流すらなかった異常さが、異常とも思われない異常さに気落ちしないわけにはいかない。日米同盟の払った『代償』とは、そのことだったのではないか。」

姜尚中

歴史の偶然《アクシデント》──「アメリカ」のゆくえ

キャロル・グラック

「先制攻撃」

日米関係の過去と未来について、電子メールでの議論を始めてから一年が過ぎた。わたしの目から見ると、この一年は良い年ではなかった。この度、姜先生はわたしに再び歴史家として、そしておそらくアメリカ人として、九・一一およびアフガニスタンでの戦争以降にアメリカで起こった出来事についてコメントをお求めになった。目下のところ、この二つの役割を果たすことは難しそうだ。というのはどちらの役割も、ブッシュ政権がイラクに対する「先制攻撃」(preemptive attack) へと必要ならば単独で向かっていることを理解したり、阻止したりする助けにはならないからだ。過去の「習慣」と現在の傾向がどのように合わさって、アメリカはこうした立場を取るに至ったのか。そこにはどのような歴史があるのか。傲慢さと無知がいったいどのようにあいまって一般のアメリカ市民は大統領の行動を支持するのか。この時代において「アメリカ」とは何を意味するのだろうか。

長・中・短期的分析

「ジョージ・ブッシュと世界」および「ブッシュ・ドクトリン」の歴史を説明しようとする分析的論考は尽きることがない。一般誌や知識人誌は、ブッシュ政策への賛否両論で溢れている。進歩派の歴史家ウォルター・ラフィーバー (Walter LaFeber) のように、ブッシュ・ドクトリンがその背景に四〇〇年の歴史を持っていたのだと、極端に長期的観点から語る者がある。ラフィーバーによると、アメリカ外交政策の標準公式は常に、「アメリカ例外主義＋合衆国のパワー＝有効な一国行動主義」だった。その例外主義は、「丘の上の町」としてアメリカを喚起する一七世紀まで遡るのだという。ラフィーバーは合衆国がその振りかざすパワーで一九世紀には西半球を、そして二〇世紀には世界を支配したのだと力説する。そして、九・一一をきっかけとして一国行動主義が勝利したことを嘆くのだ。アメリカは「他国がチェックできないほど強力に、そして自国でチェックできないほど独善的に」なったのだ（"The Bush Doctrine," *Diplomatic History*, Fall 2002.）。

これほどの絶望感を示さない批評家も、長期にわたるアメリカ例外主義と一国行動主義が「より包含的な例外主義」が根付くのを妨げる「イデオロギーの双子」なのだとする、よく似た論評を加えた。ブッシュ政権の国家安全保障担当補佐官、コンドリーザ・ライスは、国家の利益は「幻想の国際コミュニティの利益」に取って代わるべきだと当時すでに議論を行っていた政権に加入したのだ（Michael Hirsh, "Bush and the World," *Foreign Affairs*, Sept-Oct. 2002.）。大統領の気の滅入るような外交政策の系譜を考えると、多くの論者が、アメリカ例外主義と海外での道徳主義を訴えたことで有名なウッドロー・ウィルソンに言及しているのも驚くことではないだろう。ブッシュをウィルソンと比較してその横暴な衝動を非難する者があれば、一方で少なくともウィルソンは合衆国が世界で自国のためだけでなく何らかの使命を持っていると考えていたのだと指摘した者もあった。

中期的な視点からの歴史的説明は、冷戦に焦点を当て、わたしが「覇権の習慣」と呼ぶものが二極世界で形成され、存続し、そして現在、一極的な時代にそのまま持ち越されたのだと議論した。今やアメリカは「ハイパー・パワー」であり、その唯一残った——和田先生の言葉では——「帝国国家」はかつてソビエト連邦から受けていた制約なしに好きなだけその利益を追求できるのだ。批判者たちがこの冷戦下での傲慢さが恒久化していることについて非難している一方で、ブッシュ支持者は冷戦時の先例を自らの目的のために用いたのである。例えば、かれらは、四〇年前にケネディはキューバ・ミサイル危機で「先制」攻撃を考慮していたと指摘した。一九六二年当時のケネディの側近は、彼の冷戦瀬戸際外交はそのような行動をまさに避けることを意図していたのだとして反論した。いずれにせよ、わたしは、キューバ・ミサイル危機が例としては不適切で、一九七八—七九年のイラン革命でアメリカが学ばなかった教訓をみるほうが意味あることだろうという考えに賛成だ（"History and September 11," *The Journal of American History*, Sept. 2002.）。当時、アメリカはイラン革命を中東での自らのパワーに対する挑戦としてのみとらえ、いまだその地域に影響を残すような結果をまき散らす政策を遂行した。今回、アメリカがイラクで戦争を起こした場合の帰結はどうなるだろうか。

もちろん、冷戦は終わっている。そのため、より短期的な視点から、合衆国の政策が九月一一日を境に過去と訣別し、新しい冷戦後の「大戦略《グランド・ストラテジー》」を明確に示すようになったのだと論じる歴史的解釈もある。二〇〇二年九月に発行された最新の「国家安全保障戦略」(National Security Strategy)はその典型だが、そこではテロリストや圧政者から世界を安全に守るための「先制攻撃」(preemptive attack) ドクトリンが説かれた。テロリストと圧政者という邪悪な双子は、冷戦を勝ち抜き、アメリカに「世界でも前例のない、他に比するもののない強さと影響力」をもたらした「自由勢力」への主要な脅威として提示された。今や目標は「挑戦をしのぐ」(beyond challenge) アメリカの軍事力を作り、維持することであった。そのレトリックは素朴で大胆だったが、こうした意見はソビエト連邦の崩壊以降しばしば耳にしたものだ。この文書は国際協調と提携の重要性を湾岸戦争とG8政治というふつうの言葉を使って、改めて表明するものでもあった。しかし、目新しい点は、合衆国は「もし必要ならば、自衛権を行使するために単独で行動することを躊躇しない」というあからさまな声明だった。これは本質的に、アメリカが第二次大戦後に確立することを助けた国際秩序をみずから放棄することを意味した。またそれは軍事力の単独行使を示唆するものでもあった。侵略戦争という行為ではない、「自衛」のための「先制攻撃」とはいったい何だったのだろうか。パールハーバーそっくりに聞こえはしないだろうか。

偶然の積み重なり

以上が、アメリカが対イラク戦争を必要ならば単独で行い、しかし単独であっても必要であると宣言するに至った歴史の、長、中、短期的観点であった。論者はみな、その帰結が不可避であると言っているようだった。つまり、あたかもそのパワーに満ちた過去という力によって動かされる合衆国には他のいかなる政策も不可能であるかのように。しかし、ここで立ち止まって考えてみると、過去二年間に起こったことの多くは実は偶然《アクシデンタル》だったのだ。二〇〇〇年の大統領選挙は接戦で、投票箱ではなくて、最高裁によってその結果が決定されなければならなかった。そのため、もし法律上のトリックがなかったら、ブッシュ・ドクトリンならぬゴア・ドクトリンとなっていたとも容易に考えられる。それは、どのような欠陥があろうとも、ラムズフェルド、チェイニー、ウォルフォウィッツといった保守長老タカ派に先導されることなどなかっただろう。サダム・フセインを失脚させるというかれらの計画は一〇年ものあいだ審議され続けていたが、おそらくは新たな対テロ戦争という名目の下に、再構成なしに適用されることなどなく、野党案として埃をかぶっていたことだろう。ブッシュが政権に就くやいなや、これらの人々は、またそれ以外の人も、一国行動主義的なミサイルの盾を使った外交政策や、条約破棄、そして「ならず者国家」を標的とすることに着手したのだ。それでも、九月一一日のアクシデントがなかったら――それはブッシュが当選するよりも前、つまり一年前でも容易におこり得たのだが――、共和党の一国行動主義者たちは対イラク戦争を遂行するのにテロリズムというカードを切ることなどできなかっただろう。

歴史家は「偶然性」(contingency) という言葉を好んで使う。それはこの言葉が何事にも必然性はなく、全ての事柄は過去からの真っ直ぐな線の上に描くことができない事実によって込み入ったものとなっているということを示唆するからだ。要するに、「歴史の習慣」は全てを決定づけるものではなく、国際協調の構造を破壊し、中東の混乱を悪化させ、そして「先制戦争」という奈落の底への絶壁を単独で越えてゆくしかないのだとは、どこにも書かれていないのだ。したがって、わたしがそうするように、ブッシュは歴史の偶然で、九月一一日は実際には「全てを変える」ことなどなかったのだと信じるなら、こうした特定の偶然をもっと望ましい方向へと転換することが可能であるはずだ。現時点では、コンドリーザ・ライスが見下す「国際コミュニティ」と、あるいは政治家の運命を握るアメリカ市民というたった二つしか、そのような影響力を持ち得るものはないだろう。

傲慢さと無知が一役買ったのはこの点においてだった。ドイツのようなアメリカの同盟国は、選挙時に政治家がイラクでの戦争に強硬に反対の立場をとったが、再選後もその立場を堅持するだろうか。もしそうだとして、新たな傲慢さを身につけた合衆国はなんらかの注意を払うだろうか。合衆国が国連決議の主旨に背き、「先制的に」バグダッドを攻撃したら、国連は強硬な対応をとるだろうか。もし、そうだとして、ブッシュ政権は気にするだろうか。ブッシュ政権のあるメンバーが言ったことだが、合衆国が「唯一の真のパワーとして残る」世界では「国際連合などというものは存在しない」のだ。こうした大言壮語のもつ傲慢さに、他の国々は断固とした大声で発言しないと、対抗できないだろう。

日本のチャンス

それでは、日本はどうだろうか。明確な態度を打ち出すだろうか、それともいわゆる「二重保険《ダブル・ヘッジ》」を用いるだろうか。つまり、日本は引き続きアメリカを安全保障上の脅威に対する保険として使い、一方で経済的利益に対する脅威への保険としてアジアや中東の諸国とのつながりを確立するという見方だ（Heginbotham and Samuels, "Japan's Dual Hedge," *Foreign Affairs*, Sept-Oct. 2002.）。もし、日本がその二国間主義症候群をうち破るときがあるなら、それは今だろう。そもそも、アメリカの対イラク戦争への批判は、日本を孤立させるどころか、世界との協調を促すものとなるだろう。そのような方向へと動くことは特別の勇気もビジョンも必要としないように思われる。

北朝鮮に関連する事柄を考えてみよう。和田先生も姜先生もともに、九月の日朝首脳会談の歴史的重要性について力強い論考を出されている。和田先生によると、今度ばかりは「アメリカに先んじた」という理由で画期的な出来事だった（『世界』二〇〇二年一一月号）。そして姜先生は冷戦期の「アメリカ追随」型から脱却した「日本外交における決定的な一歩」であったと強調された（『論座』二〇〇二年一一月号）。わたしも全くそのように思うが、真の試練はこれからやってくるようにも思われる。平壌宣言に小泉首相と金総書記が署名した九月一七日は、アメリカで「国家安全保障戦略」が公開された日でもあった。その時点では、北朝鮮の核についての事実は、日米政府は知っていても一般の人々の知る問題ではなかった。しかし、いったん北朝鮮の継続的なWMD（大量破壊兵器 weapons of mass destruction の流行の省略形である）開発が公表されると、アメリカは「悪の枢軸」の東アジアの一員に対して、その仲間の「ならず者国家」イラクとは明らかに違った対応をとった。その時、日本が東北アジアでだけでなく、中東での合衆国の行動をめぐる討論においても、追随ではなく、指導的な役割を果たす機会が広がったのだ。アメリカの傲慢さとは、日本の立場など無視されるだろうということなのかもしれないが、日本が一歩前進して明確な立場を示さないことについてもアメリカを責めるのはあまりに短絡的だと思われる。

帝国アメリカの将来

しかしながら、世界の他の国がアメリカの「ハイパー・パワー」としての傲慢さを抑制することを期待するのはフェアではない。それはアメリカ市民の責任だからだ。以前の意見交換でも申し上げたとおり、この一年間でもっともがっかりさせられたことはアメリカ人が政府に対して毅然と立ち向かおうとしなかったことだ。二〇〇二年一〇月の世論調査によると、継続的に二五パーセント弱の人々が国連の支援なしの対イラク攻撃を支持していたが、この立場は民主党からの抵抗も、一般の世論のなかでの抵抗もほとんど反映してはいなかった。たしかにスピーチや、デモ行進や、異議申し立ての声はあった。しかしどれもブッシュに攻撃的モラリズムを断念させるほど大きなものではなかったのだ。しかも今年は選挙年で、そうした声が普段よりも大きな効果を持ったかもしれなかったのだ。わたしは、九月一一日以降一年以上も合衆国を苦しめている「窒息状態のコンセンサス」に困惑し続けている。人々がショックを受け、愛国主義へと傾いた、攻

白人の責務

アメリカン・フロンティアから、クー・クラックス・クラン (KKK)、ヴェトナム戦争を経て、今日の対テロ・グローバル戦争へ。シリアの Fares Garabet による風刺画 2002 年。

（『*The Journal of American History*』2002 年 9 月号より）

撃後の数カ月ならばこの意見の一致を理解するのはたやすかった。メールでの議論の中で、わたしは、アフガニスタンとの戦争に際してでなくても、対イラク戦争へと進むにあたっては、この全面的なコンセンサスは壊れることになるだろうと書いたことを覚えている。しかし、それは誤りだった。コンセンサスはいまだ崩れていない。九月一一日のショックがいまだにテロリズムと戦うという決意において人々を一体化しているのは事実だが、「国家安全保障戦略」の文書に表されたテロリズムと圧政との区別を無視してしまう立場は、ほとんど考えもなしに取り入れられたようだ。

これはむしろ傲慢さと言うより無知のせいだろう。アメリカ人のイラクについての、中東についての、そして世界についての無知である。もっともメディアはその本分に忠実に、ブッシュ政権はなんらアルカイダとサダム・フセインの間の納得のいく関係を示していないと報道した。コメンテーターもイラクの「政権交代」がそれだけでイラクの安定や中東の平和をもたらすものではないと認めた。そしてイスラーム世界にすでに存在する反米感情がどのようなものであれ、一方的戦争や「先制攻撃」等でさらに強まるだけだということは多くが指摘している。それでも、こうしたことに注意を払う人はほとんどなく、「窒息状態のコンセンサス」は続いたのだ。結局のところ、その主な理由はやはり「九月一一日効果」だろう。それが全てを変えることはなかったが、アメリカ市民を揺さぶり、ブッシュ大統領への全面的支持に向かわせた。そしてこうした支持はその後一年、高いままだった。その結果、公言された対イラク戦争の必要性は、いわゆる国内でのさらなるテロリズムへの度重なる恐怖に飲み込まれてしまったのだ。このように、外交政策となると、「自国」感情は外の世界に対する無知と興味の欠如とあいまって、アメリカの性分にあった、しかしわたしたちが生きる時代にはそぐわない孤立主義と一国行動主義というイデオロギーの双子を甦らせたのだ。

いま何が起ころうとも、つまり、合衆国がイラクに対する「先制」戦争を行おうが、その間際で手を引こうが、わたしは、その見かけとは反対に、アメリカは現在の政府が思っているほど「唯一の超大国」(lone superpower) ではないのだというわたし自身の意見を堅持する。『アメリカンパワーの逆説――世界唯一の超大国はどうして単独で行動できないのか』(*The Paradox of American Power: Why the World's Only Superpower Can't Go It Alone*, 2002.) と題した本を出版したジョセフ・ナイ (Joseph Nye) にわたしは同意する。アメリカは「単独で行動できない」。なぜなら、九月一一日が教えたはずだが、その強大な軍事力では世界は安全に守れないからだ。その行動が帝国国家的であるほど、より大きな問題、より悲惨な惨事を他にもたらすのだ。その「ソフトパワー」は浪費され、「アメリカ」そのものの意味は奪い取られてしまうだろう。

わたしはそのようなことが起こらないことを願うし、そうなることに疑問をおぼえる。しかしそれを避ける唯一の方法は、国の境界を越え、その先の世界を視野に入れることだ。アメリカにとっても、日本にとっても、さらに、特に豊かな国すべてにとって大切なことだろう。日米関係を再考することは不可欠な事柄ではあるが、それは世界をより良いものに、より相互に結びつき、より複合的で、歴史の偶然によりよく対応できるものとするためにやらなくてはならないことの、ほんの一部にすぎないのだろう。

二〇〇二年一一月

同盟と主体——「九・一一」から「日朝平壌宣言」へ

和田春樹

「九・一一」の意味

九月一一日に起こったことは特別のことであった。非国家団体、非国家集団が国家を相手に行う暴力行為としては、あれはあらゆる道徳的、人間的抑制をすてた行為であった。四機の旅客機を乗っ取って、乗客もろとも三つのビルにぶつけ、二つのビルを完全に倒壊させ、三千人の死者をだしたのである。もちろん一日の作戦で出す死者の数でいえば、国家による暴力行為の方が数十倍上である。一九四五年三月九日の東京大空襲では、一夜のうちに八万人が殺されているし、八月六日の広島では一発の原爆投下によって死んだ人は一五万人と数えられている。それにしても、九月一一日は非国家団体の作戦としては、かってない破壊と殺人をもたらしたことは間違いない。それは、アメリカという国家に打撃を与えるためには、自分たちの味方でない人間はいくら殺してもかまわないという考えからなしえたことである。

他方で、この事件に対して、アメリカ大統領がアメリカ国民の絶対的な支持のもとにとった反撃の行動も特別のものであった。グラック教授が出してくれたみごとな説明の図式、「国民国家の習慣」、「大国の習慣」、「北の習慣」はこのアメリカの行動の基礎を説明しているが、それだけでは説明できない特別のものがこのたびのアメリカの行動にはあるように感じられる。ブッシュ大統領は、テロリズムをアメリカの敵、すなわち自由の敵、民主主義の敵として、このテロリズムとの闘争をよびかけた。そしてこの闘争に加わらない者はテロリズムを助ける者、すなわち敵だという論理をうちだして、反テロリズム連合をつくり出し、アフガニスタン戦争を開始した。ここにあるのはただ一つの正義の原則が世界的に普遍的であるという主張である。ただ一つの正義、ただ一つの文明、ただ一つの価値観、ただ一つの体制がふりかざされた。これはかってないことである。国民国家の論理を越えた世界帝国の論理、ただの大国ではない唯一の超大国の論理、北の論理一般ではない北の極の論理があり、それが絶対化されている。

自分たちの仲間でない者は敵だという考えはアメリカ大統領によって直截に述べられたが、その考えはイスラーム過激派テロリストにも共通するものである。この議論に直面して、すぐ思い出されるのは、敵と味方の他に友人がいるという中国人の考え方である。正確に言えば、敵と味方の間には、敵でも味方でもない存在がいるのである。その中に味方してくれなくてもいいから、会って話はできる友人とよべるものをふやそうというのがひところの中国のやりかただった。

そして、ブッシュ大統領の考え方の対極になるのは、敵を味方にする、敵の中に味方をふやすというヴェトナム人の考えだ。ヴェトナム戦争は、アメリカ人の中に戦争に反対する人々をつくり出すことによって、ヴェトナムの勝利となった。

テロリズムとは何か

このたびのアメリカ政府、国民の態度には、別の歴史的な基礎も考えるべきだと思う。それはアメリカにおけるテロルの歴史である。アメリカはテロルが多い国である。大統領で暗殺された人を挙げても、すぐにリンカーン、ガーフィールド、ケネディと三人出てくる。レーガン大統領も狙撃されたが、無事だった。未遂のケースを挙げれば、さらにリストはふえるだろう。しかし、そのどのケースもはっきりした政治的主張をもって行われたとの印象がなく、一種の狂信者か精神的に異常な人物の犯行だったとされているようである。最近ではオクラホマ・シティの連邦ビル爆破事件が深刻な事件であったが、処刑された青年は右翼的組織の活動家だったというだけで、その主張は知らされていない。連続爆破事件のユナ・ボマーは環境保護の主張者であったようだが、やはり異常者、狂信者というふうに扱われている。アメリカ映画に出てくるテロリストたちも例外なしに同じように描かれている。

ところでアメリカ以外を見ると、テロリズムは政治行動の手段として、多くの国で使われた。一九世紀にテロリズムはイタリアとロシアにおいてさかんだった。イタリア人オルシーニは反仏闘士で手投げ弾を開発して、ルイ・ナポレオンを襲撃した。ロシアではナロードニキ運動の中で専制打倒の手段として皇帝暗殺が採用された。ピストルの狙撃からはじまって、ダイナマイトによるお召し列車の爆破と皇帝の宮殿の爆破が試みられ、ついに手投げ弾で皇帝アレクサンドル二世は殺害された。皇帝暗殺の六カ月後にアメリカ大統領ガーフィールドが狙撃されて死亡する事件がおこったとき、皇帝を殺害したナロードニキの革命組織、人民の意志党執行委員会は声明を出し、ガーフィールド暗殺に抗議したのは特徴的である。

「個人の自由が誠実な思想闘争を可能にしている国、自由な人民の意志が法を決めるだけでなく、統治者の人物を決めている国では、闘争手段としての政治的殺人はロシアでわれわれが廃絶をめざしているものと同じデスポティズムの精神の現れである。個人のデスポティズムと党のデスポティズムはともに非難に値する。暴力は暴力に抗して向けられるときにのみ正当化されるのである。」

自由があるアメリカでは言論で闘うべきであり、専制のもと自由がないロシアではテロリズムは正当化されるというのである。当時ロシアでの皇帝暗殺の報をきいた日本でも、民権派の新聞は反乱と暗殺が圧制下の抵抗の手段だが、とくに暗殺は少数者の抵抗の手段だとして、起こってくるのは抑えがたいと論評した。

二〇世紀に入って、テロリズムはアイルランドの民族運動の主たる闘争手段となった。第二次大戦後はアルジェリアの独立運動では大々的に使われ、パレスチナの運動では飛行機の乗っ取りがさかんに行われた。その間テロリズムの方法はますます強硬で、残酷なものになっていたのである。

それでもテロリズムが出てくる条件は社会の中にあると考え、テロリズムをなくすには社会を改革しなければならないというのがこれまでの公理であった。民主主義はたしかに拡大しているが、地球と人類社会全体が民主化されたとは到底言い得ず、人類社会の底辺で疎外された民がいるということがテロリズムの温床である。現にパレスチナ問題の解決がなければ、テロはなくならないのである。

アメリカはそのことに目をおおって、テロリズムはもともと悪だとして、戦争によってテロリズムと戦おうとしているのが現在の問題である。結局戦争ではテロリストを根絶することはできず、やれるのはテロリストを庇護しているという国家をつぎつぎと対象にあげて、その壊滅をはかるほかなくなっているのである。タリバン政権は打倒されたが、ビン・ラディンとアルカイダはのこっている。

ヴェトナム戦争の忘却

アメリカが特別な論理を持ち出している理由は、一つには、すでに指摘したようにアメリカ資本主義文明の批判者であるソ連共産主義文明が崩壊したからである。米ソの角逐、冷戦は多くの悲劇を生んだし、人類にとって危険も高いものだったが、相互に批判者をもつということが二つの体制のそれぞれを牽制し、健全化の力を及ぼしていたのも事実である。ソ連の体制が崩壊して、ロシアと東欧、それにアジアの共産主義国も資本主義と民主主義の方向への困難な歩みを進めている状況で、アメリカは自らの文明の勝利を誇っている。それが今日の極端な傲慢の根元である。

ロシアは九月一一日以降はアメリカを支持し、かっての反ファシズム連合以来の米露反テロリズム大連合が実現している。もとよりイスラーム過激派のテロリズムの新攻撃をうけたのはロシアが最初であった。三年前の九月、そのときもわたしはモスクワにいたが、二つのアパートが深夜時限装置による爆発で、完全に倒壊し、住人が皆殺しになった。わたしはロシア人が平静さをたもっているのを頼もしく思ったが、結局はプーチンにより新チェチェン戦争が始められた。だから、プーチンにはアメリカを支持する理由があるのである。にもかかわらずロシアの新聞各紙は今日アメリカの態度に対して批判的な調子を隠していない。政府系の『ロシア新聞』も九月一〇日にヴォルコフの「悪の枢軸はどこを通っているか」をのせたが、筆者はプラトンの言葉を引いて、紛争対立は勝者が敗者を追放し、いためつけ、報復することをやめて、敗者にも適用される一般法を確立しないうちは終わらないと述べている。

アメリカの傲慢の根元のもう一つはヴェトナム戦争における敗北を無視することに成功しているということにある。ヴェトナム戦争の敗北はアメリカにとって歴史上はじめての文明的挫折の経験であった。その経験を考え抜くことがアメリカにとって大きな再生の道である。アメリカは部分的にはヴェトナム戦争から学んで、黒人問題や女性解放の問題の解決を進めた。しかし、肝心のところでこの敗戦を無視することに成功したのである。先代のブッシュ大統領が湾岸戦争の勝利のあとの演説でヴェトナムのトラウマから脱したと宣言したのは象徴的であった。しかし、もちろん新しい勝利は古い敗北を忘れるのによい薬だっただろうが、ヴェトナム戦争を忘れるのには仕掛けがあったことも思い出されるべきである。

ヴェトナム戦争の末期にキッシンジャーによって米中和解が進められた。もちろんそのこと自体はよいことだった。しかし、アメリカがそれを進めた政策意図の中には中ソ対立を深め、中越関係にくさびをうちこむということがあった。実際中越は離間し、ヴェトナムはソ連に傾斜した。カンボジアでのポルポト政権はその大量虐殺にもかかわらず、反ヴェトナムということで中国の庇護をうけた。ヴェトナムはポルポト政権を倒すためにカンボジアに侵攻した。すると、中国はヴェトナムに教訓を与えると言って、ヴェトナムに侵攻した。結局ヴェトナムはソ連の手先だという認識が中国と和解したアメリカの中に広まった。ソ連が崩壊すると、ヴェトナムと戦って敗北したのはなぜかと考えることは必要なくなった。あれはソ連の手先との戦争であり、本家のソ連が崩壊したのだから、共産主義者との戦いのエピソードであるヴェトナム戦争の勝敗のことなど考える必要がないということになってしまったのであろう。

敗戦を直視し、それを反省し、責任を謝罪するというナショナル・コンセンサスをつくるのに苦悶してきたし、いまも悩んでいるのが日本である。しかし、日本は敗戦後二七年の一九七二年、はじめて中国に対して「戦争を通じて多大の損害を与えたことを反省する」と表明した。「侵略と植民地支配を通じてもたらした多大の損害と苦痛に対して深い反省と心からなるお詫びを表明する」としたのが、戦後五〇年の一九九五年のことであった。

アメリカはヴェトナム戦争の敗北から本年がちょうど二七年である。アメリカは日本のぶざまな先例に学んで、敗戦を直視し、ヴェトナムにもたらした損害と苦痛を反省し、謝罪すべきだ。それから日本はできていないが、アメリカは補償を支払うべきだ。アメリカは日本に対して、サンフランシスコ平和条約で、反省も、謝罪も、賠償も要求しないという態度をとった。天皇が戦争に対する道義的責任をとって退位することも許さなかった。しかし、日本人は苦しみながら、アジア諸国の批判に応えて、ようやく二七年目の反省、五〇年目の反省、謝罪に進んできたのである。アメリカ人は、ヴェトナムに反省を表明することがなければ、道義的には日本以下に落ちることになるということである。

他方で、アメリカが敵性国家を軍事的に敗北させ、解体し、味方の政権をつくりだすということをしたのは、実は日本が最初の対象であった。その日本のケースは成功例であると認めよう。多くの問題点、欠陥があるが、基本的にはわたしもそのように思う。これは日本人の多数の意見でもある。ドイツのこともあるが、これは連合国の成果であり、アメリカだけの達成ではないだろう。したがって、日本の次の例がこのたびのアフガニスタンということになる。朝鮮戦争でも、湾岸戦争でも、アメリカは侵略を撃退したが、敵性国家の解体にまではいけなかった。ヴェトナム戦争では敗北したから、問題外である。

アフガニスタンでは、解放された女性たちが喜んでいるが、生まれた政権は一人立ちできるだろうか。結局はその国の人間が立ち上がって、団結しなければ、国の再建はできない。アメリカの利害の代弁人だったカルザイ氏を大統領にしたところまではアメリカの成功だといえるかもしれないが、すでにカルザイ大統領の護衛は全員アメリカの特殊部隊員になってしまった。

さらにアメリカはイラクに攻め込んで、サダム・フセイン政権を打倒して、新しい政権を占領軍司令官のもとで生みだそうとしているといわれている。

日本の例では近代国家形成の七〇年の歴史があり、制度、人材、文化があったといえるが、それ以上にアメリカが天皇を自分の味方に獲得したことが重要だった。天皇の政府をのこし、間接統治をひいたことが戦後の改革を苦痛のないものにしたのである。日本の成功例は簡単には繰り返せないものである。アフガニスタンでも成功は保証されていないし、イラクでは一層成功はおぼつかないように見える。

「日朝平壌宣言」の意味

現在アメリカが陥っている危機は、とりもなおさず世界の危機である。アメリカを批判していたら、それでわれわれは救われるというものではない。かって『思想の科学』誌から日米安保論をもとめられたとき、わたしは「握った手をはなさずに」と題する一文を書いた。イギリスはいつもアメリカの軍事行動に同行する同盟者だが、ほんとうにアメリカのためになる同行者かどうかは不明だ。日本もアメリカとともに進む立場にある。ほんとうの勇気はアメリカに抱きついて、はなさずアメリカが崖から落ちるのをとめることである。握った手をはなさずに、アメリカを説得することである。アメリカ人を説得することである。その意味でグラック教授と多くの共通の認識をもつことを確認できたことはありがたく、有意義な経験であった。

いまアメリカはイラクを攻撃しようとしている。その次の目標は北朝鮮だとされている。アメリカは日本にイラク攻撃の支持を求めている。その中で日本は突然に日朝交渉の再開に向かうことなった。アメリカは「大量破壊兵器の拡散問題をめぐる北朝鮮の態度に何らかの改善」がないかぎり、日朝交渉の急進展には賛成できないという態度だろう。ブッシュ大統領からその意見を聞いた小泉首相はそのことを念頭におきながらも、金正日委員長の拉致問題と工作船問題での謝罪を受け入れ、核問題討議の担保を組み込んだ日朝平壌宣言に調印した。戦後はじめての日本の独自外交がおこなわれた。わたしはこれがアメリカを助けることになると考える。

平壌宣言が注目されるのは、その第四項である。

「双方は、北東アジア地域の平和と安定を維持、強化するために、互いに協力していくことを確認した。双方は、この地域の関係各国の間に、相互の信頼に基づく協力関係が構築されることの重要性を確認するとともに、この地域の間の関係が正常化されるにつれ、地域の信頼醸成を図るための枠組みを整備していくことが重要であるとの認識を一にした。」

これはきわめて重要な合意であった。日朝関係が変わることによって、地域全体のあり方が変わるのである。そのことをはっきりと意識して、二国間関係を考えるというようなことを日本も北朝鮮もしてこなかった。これがまったく唐突に現れたのである。

日本が戦後「大東亜共栄圏」の挫折から地域主義を完全に捨てて、アメリカとの二国間関係に逃げ込んで、かくまわれてきたことは、すでにわれわれが論じてきたことである。そこから出て多国間の結びつきに、新しい地域主義に向かって進むことが必要であった。わたしも姜尚中氏も、それを「東北アジア共同の家」として構想してきた。わたしは一九九五年に韓国で『創作と批評』誌に「東北アジア共同の家と朝鮮半島」を書いた。これだけ異質で、対立的である東北アジアの各国、中国、ロシア、韓国、北朝鮮、日本、米国が安全保障と環境保護のための地域協力体をつくることができれば、それは人類的な意味をもつとして、その東北アジア共同の家の中心には朝鮮半島が立ち、地域にディアスポラした朝鮮民族が地域を一つに結びつける力となりうると述べた。そして、当然にそれを準備する道は朝鮮半島の緊張緩和と和解に通じるのであり、日本からすれば朝鮮植民地支配と侵略戦争に対する明確な謝罪、それにもとづく日朝国交樹立がなされなければならないと主張した。

近年ASEANプラス3の会合が重ねられ、そこから「東アジア共同体」の構想が立てられた。これは経済的な共同体をめざすものであり、客観的根拠が存在する。しかし、安全保障と環境保護の面からは、東北アジア地域の協力機構が必要である。日本政府は朝鮮戦争の平和解決のための四者会談に日本とロシアをオブザーヴァーとして加える答案を提案したこともあったが、それは責任の伴わない提案にすぎなかった。このたびの日朝平壌宣言は自分たちが自分たちの問題を解決することによって新しい地域主義を推進する主体になろうとするものである。

だが、そのことが政治家にも国民にもマスコミにもまったく積極的に受け止められず、平壌宣言後のこの数カ月の日本はまったく国民の外交感覚の欠如という惨憺たる有様を呈している。拉致事件の衝撃は北朝鮮の指導者がその事実を認めて、謝罪したときから国民全体に及んだのであり、怒りが長くつづくのも当然である。他方で、拉致問題をてこに北朝鮮政権を崩壊させることに執念をもやす人々が勢力をもって大きな役割を演じている。このまま進んで、日本国民が真に主体となりうるチャンスをのがしていいのだろうか。後戻りすれば、アメリカの戦争への協力に引きこまれてしまうだけである。それではアメリカを救うことはできない。

戦争と平和の分岐点で

姜尚中

数々の衝撃

二〇〇一年九月一一日の同時多発テロとアフガン戦争は、わたしにいくつかの衝撃を与えた。そのひとつは、この世界の関心（attention）のエコノミー（配分）の眼も眩むような落差の凄まじさであった。ワシントンとニューヨーク、そしてアフガニスタン、「帝国」的な超大国の力と富の象徴的な都市と、荒涼とした山肌の露出する中央アジアの最貧国との間には絶対的とも言えるような関心の非対称性が横たわっていることにわたしはあらためて気づかされたのである。過剰な関心が集中する世界都市と絶対的な無関心の暴力に曝されてきた内戦の地、この両者を引き裂く関心のエコノミーは、グローバルな世界の不均等な構造を反映している。いや、不均等という言葉は適切ではない。非対称性という表現がやはりそれにふさわしい。

第二に関心の非対称性と関連して、あらためて思い知らされたのは、この世界が誰の眼に留まることによってはじめて存在すると認知されるのか、ということであった。つまり、世界は、「アメリカ」という、全能のような「帝国」的国家の眼の前に組み立てられる（vorstellt）ことではじめてその存在を認められるということ、この表象の主体の圧倒的な独占状態に気づかされたのである。

言うまでもないことだが、アフガニスタンも、タリバーンも、アルカイダも、アメリカのメディアがその存在を報道する前からずっと存在していた。しかし、そうした国や集団は、またそれにかかわる歴史や地理は、アメリカ人の眼に留まるまでは世界に存在しないも同然だったのである。

そして日本でアフガニスタンを、イスラームを、中東を、パレスチナを知るということは、実際にはこのような「アメリカの眼」をあたかも肉眼のようにしてそうした存在を眺めることを意味しているのである。

第三に衝撃的であったのは、こうした関心の非対称性と表象の一極的な支配が、空前の規模のテロという、非正規戦的な暴力によってうち破られ、無関心の暴力に放置されていた世界が、俄然、「アメリカの眼」に飛び込んできたことである。無関心というよりは、事実上存在しないにも等しかった地域は、一転して過剰な関心の対象として浮上してきたのである。だが、アフガン戦争が瞬く間に終息し、タリバーンが掃討されるや、その過熱した関心は一挙に冷え込み、もとの無関心へと収束していった。ツインタワービルの崩落でなくなった死者の数を上回るほどのアフガニスタンの民間人の犠牲者は、世界から追悼されることもなく、その存在すら忘れ去られようとしているのである。

第四に挙げておきたいのは、「対テロ戦争」として発動されたアメリカによるアフガニスタンへの報復攻撃が、戦争ではなく、ほとんどジェノサイドに近い殲滅戦の様相を呈したことである。二〇世紀の巨大な大戦の惨禍をくぐり抜けて、国際社会は、戦争にも一定のルールと制約を課す努力を積み重ねてきた。殲滅手段を抑制し、先制攻撃を予防するとともに、自衛権の発動すらも一定の条件のもとに制約しようとしてきたのである。こうした国家による実力行使のルール化は、法的に承認され、犯罪者や「非人間」から区別された「敵」と、正当な原因による武力の発動ということを前提にしてきた。国際法上の戦争は、名目上、双方が対等な立場に立ち、どちらにも最小限の勝利の可能性が与えられているときにはじめて成り立ちうるのである。

だが「対テロ戦争」は、相互的な戦争の概念を完膚無きまでに打ち壊してしまった。「戦死者を死体袋に詰め込まずに、何度でも戦場で失敗できる」「すばらしい軍事シュミレーション装置」で再現される「戦場」には、戦争という概念そのものが消滅している。味方が戦争の死の恐怖から完全に近いまでに遮断された戦争など、もはや戦争ではないのだ。アメリカがヴェトナム戦争の「屈辱」から学んだ歴史の教訓とは、自国民が死なない戦争の新しい形態の追求でしかなかったのだろうか。ヴェトナム反戦は、自国民が死体袋に詰め込まれて送還されてきたからこそ、アメリカ国内であれだけの盛り上がりを示したのであろうか。わたしはそうしたシニカルな見方に与したくない。しかし、湾岸戦争からコソボへの介入、そして「対テロ戦争」の一環としてのアフガン戦争を見ていけば、そうした疑念を完全に払拭することはできないのだ。

「九・一一」以後のアメリカ

今やアメリカは、地球全体を監視できる神の眼のような宇宙衛星を組み込んだ最新の軍事的テクノロジーを通じて、味方の死をかぎりなくゼロに近づける戦争とはいえない新たな戦争の世紀へと突入しつつあるように思えてならない。二〇〇二年九月に発表された「国家安全保障戦略」は、核を含む先制攻撃をブッシュ・ドクトリンとして公言し、絶対的な軍事的優越にもとづく単独主義的な殲滅戦の遂行を「対テロ戦争」の基軸に据えているのである。

誰がテロリストであり、誰が犯罪者であるのか、それを定義するのはアメリカであり、またそれに対する懲罰手段を行使するのもアメリカである。このような、法と警察、そして軍事にわたる圧倒的な単独主義的な決定権とイニシアティブを独占した国家は、これまでどこにもなかった。この意味でアメリカは、「帝国」的な超大国として突出した力を制限なしに行使できるヘゲモニーを独占しようとしているのである。

このような無差別の先制攻撃宣言は、世界のなかに恐怖の連鎖を生み出し、逆に暴力への敷居を低くしてしまうことになるのではないか。それは、「汎テロリズム」と言えるような暴力の蔓延を作り出し、そして殲滅戦へとエスカレートしていくのではないか。それにしてもなぜこのように世界を奈落の底に追い込むような暴走に歯止めがかからないのだろうか。同時多発テロの衝撃があまりにも大きく、アメリカは、自己防衛のためにはどんな手段も選ばなくなっているのだろうか。

世界のデモクラシーのひな形であり、言論の自由と多様性に溢れたアメリカであれば、きっとそうした暴走に歯止めをかけるような冷静な世論が台頭し、やがて軌道修正が起きるに違いない。わたしはほのかな期待をもって「九月一一日」以後のアメリカを見守ってきた。しかし、事態は逆であった。その意味でわたしにとって最も衝撃的であったのは、自由と民主主義を誇るアメリカが、独善的とも言えるような愛国主義の虜になり、マッカーシズム時代を上回るような過剰な治安管理や監視や抑圧のシステムを作り上げようとしていることである。

そして最後に付け加えておきたいのは、そのような息の詰まるような愛国主義に染まった一望監視的なアメリカの体制が、民主主義vs専制支配、文明vs野蛮、人道主義vsテロリズムといった、マニ教的な二元論の言説を通じて国家の内部構成を教条化し、さらには「正戦」的な「対テロ戦争」が鼓舞されていることである。なぜそのような「正戦」意識のようなものが発揚されるのか。「九月一一日」以後、わたしにとって最もわかりづらかったのはそのことである。

日本での反戦的な市民集会で講演をした後、よく会場からだされる質問の多くは、「なぜアメリカは戦争が好きなのですか」という問いかけである。そうした質問を「普通の」アメリカ人にすれば、きっと困惑するに違いない。だが、おそらくは日本だけでなく、日本以外の多くの地域の人々がそうした問いを発しているのではないか。きっと「普通の」アメリカ人ならば、テロや戦争を根絶するためにも戦いが必要なのだと応えるに違いない。しかし、それは答えになっているだろうか。いや、それ以上にそうした戦いが「正戦」として積極的に唱道されるとすれば、それに対して一体どんな反応をすればいいのだろうか。わたしはそこに何かしら宗教的な原理主義のニュアンスを感じざるをえない。すでに一部の日本の論壇などでも話題になったマイケル・ウォルツァーらを中心とする「われわれは何のために戦っているのか」（"What We' re Fighting For ?"）という知識人たちの声明は、そのような「正戦」論を真正面から唱えている点でわたしには衝撃的であった。

声明は、戦時下の国民は、驕慢や自民族中心主義に陥りやすいと認めつつ、しかし「われわれは、人類にとって最良の希望である人権と人間の尊厳という普遍的な原理を擁護するために戦っていると信じている」という文言に、わたしはいい知れない違和感と彼我の違いを痛感せざるをえなかった。

宗教的情熱に基づく愛国主義

グラック先生は、座談のなかで「普通の」アメリカ人にとって最大の関心事は、自分たちの地域や町の出来事であり、世界で起きていることにほとんど関心がないだけでなく、無知である場合が多いと指摘された。それは、ある意味で「帝国」的な超大国に生きる市民の「関心の習慣」となっているのであろう。「帝国の習慣」は、そうした多くの「普通の」「善良な」アメリカ市民の「関心の習慣」によって支えられているのかもしれない。しかしそれにしても、そうした「関心の習慣」が、場合によって無邪気にも——あえてこう言いたい——「正戦」的な愛国主義へと高揚していく背景に一体何があるのか、わたしは今も理解に苦しんでいる。ただひとつヒントがあるとすれば、それは、すでに十数年前に読んだ記憶のあるあのトクヴィルの『アメリカン・デモクラシー』のなかの次のような一節である。「アメリカ連邦では、宗教的情熱が絶えず愛国心の原動力をつちかっている。」

民主的な共和制は、宗教的な熱情を原動力とする愛国主義に駆られて「帝国」的な新しい戦争へと突き進みつつあるのだろうか。一五〇〇年以上前の一フランス人の見たアメリカが、現在のアメリカを語るのにどれほどの意味があるのか、わたしにはわからない。しかし、今再びこの卓越した歴史家の古典を読み返して、次のような言葉に出くわしたとき、わたしは戦慄にも近い気持ちをもったことだけは述べておきたい。「スペイン人たちは、他に類例を見ないほどの残虐非道のやり方で、自らぬぐいさることのできない厚顔無恥の恥さらしのことをしたが、それにしてもインディアン種族を絶滅することはできていないし、そしてこの種族がスペイン人たちの権利を分かちもつのを妨げることさえもできていない。連邦のアメリカ人たちも、これら二つの結果をなしとげている。けれども驚くばかり容易に、平穏に、合法的に、博愛的に、そして、混血することなしに、すべての人々から見て道徳の大原則を一つもおかすことなく、それは行われているのである。人道の法則をこれほどよく尊重しながら、しかも人間をこれほどうまく破滅させることはできないであろう。」

北朝鮮への対応

ここでの「インディアン」をアフガニスタンに、そして予想されるイラクに置き換えてみることは、牽強附会のそしりを免れないこじつけだろうか。いや何よりも置き換えてみるべきは、日本ではないか。ただし、日本は、「インディアン」のように「破滅」されたままではなかった。いったん「破滅」されはしたが、しかし見事に最も親米的な同盟国として甦ったのである。日本は、無条件降伏方針の採用と一般市民大量殺戮の採用にもかかわらず、アメリカの戦争の「誇るべき成功例」としてアメリカ人に記憶され続けているのである。

その「成功例」は、今もアメリカを魅了して離さないようである。対イラク戦争では、その「成功例」があらためて適用されるに違いない。しかし、日本とイラクは違う。それが新しい「成功例」として歴史に記憶される保証はどこにもないのだ。

ただ歴史のアイロニーと言えるのは、その「成功例」である日本が、にわかに対米協力の特措法を作ってまで新しい「成功例」作りに「貢献」しようとしていることである。イージス艦までも派遣するに至って、日本ののめり込み様は尋常ではない。事実上、集団的自衛権がおおぴっらにまかり通り、後は憲法を変える「儀式」だけが残っていることになるだけではないか。しかし、それは、アメリカの戦争の「成功例」を、「失敗例」に貶めてしまうことになるのではないか。

それにしても、あらためて気づかされたのは、アメリカの対イラク戦争への日本の軍事的な関与と、対北朝鮮への対応とが、好対照をなしていることである。日朝首脳会談と平壌共同宣言は、第四項に盛り込まれている通り、東北アジアの関係諸国による多国間的な協力体制を通じて朝鮮半島の危機を解決する道筋を明らかにした。過去の植民地支配の精算について重大な問題点があるとしても、米朝間の直接衝突という最悪の事態を避け、地域の多国間主義的な協議と信頼醸成を通じて問題の平和的な解決をはかる道筋が日朝両国の共同の合意となったことの意味は大きい。そこには曲がりなりにも対イラクとは違った非軍事的な、平和的な手段による地域的な安全保障体制を構築する理念と方針が明文化されているのである。

もちろん、その後の情勢の膠着と緊迫のなかで、アメリカが最終的には北朝鮮が保有していると言われている大量破壊兵器の破壊のために、外科手術的なピンポイント爆撃に走る可能性がまったくないわけではない。しかしそれは、朝鮮半島に破局的な事態をもたらす引き金になりかねないし、日本もまた、戦後最大の危機に陥るはずである。

日米同盟の払った「代償」

さらに、在韓米軍の地位協定をめぐって韓国内で空前の反米的な運動が展開されつつあり、しかも金大中政権の対北朝鮮に対する「関与政策」（太陽政策）の継承を公約している盧武鉉《ノムヒョン》新大統領の誕生が決定し、韓米関係は険悪な局面をむかえるかもしれない。とくに米国が打ち出している北朝鮮に対する封じ込め政策をめぐって米韓間の溝が深まれば、朝鮮半島の危機はより複雑な様相を呈するに違いない。その場合に韓国との連携を深め、米朝間の仲介を果たせる日本の役割は決定的に重要になってくるはずである。その役割を果たすためにも、日朝国交正常化に向けた日本の取り組みが必要なのだ。

だが、現実には、「拉致問題」解決の膠着のなかで、メディアの情動的な報道が氾濫し、今や日本国内には外交的なリアリズムの欠片もみられない退嬰的な雰囲気が漂っている。対北朝鮮に対する敵愾心と蔑視感の深さをあらためて思い知らされた気がしてならない。と同時に戦後半世紀あまり、東北アジアに隣国との相互交流すらなかった異常さが、異常とも思われない異常さに気落ちしないわけにはいかない。日米同盟の払った「代償」とは、そのことだったのではないか。

だがその「代償」を埋め合わせるためにも、日朝国交正常化は進められなければならないのである。それが、不発に終わったとき、朝鮮半島は言うにおよばず、東北アジアにより大きな悲劇が待ち受けていることを悟るべきである。アメリカ共和党内の強硬派と日本国内の新右翼的な勢力、さらに韓国内の反共的な勢力の対北朝鮮シフトが形成されれば、「第二次朝鮮戦争」のカウントダウンのはじまりが危惧されるからである。戦争と平和の分岐的にさしかかりつつあることを銘記したい。

編者紹介

姜尚中（カン・サンジュン）
1950年生。東京大学教授。政治思想。著書『オリエンタリズムの彼方へ』『ナショナリズム』（岩波書店）『東北アジア共同の家をめざして』（平凡社）ほか。

著者紹介

キャロル・グラック　(Carol Gluck)
1941年生。コロンビア大学教授。歴史学。主著 *Japan's modern myths : ideology in the late Meiji Period,* Princeton University Press.（全米歴史学会賞受賞）ほか。

和田春樹（わだ・はるき）
1938年生。東京大学名誉教授。歴史学。主著『マルクス・エンゲルスと革命ロシア』（勁草書房）『歴史としての社会主義』『朝鮮戦争全史』（岩波書店）ほか。

「日米関係《にちべいかんけい》」からの自立《じりつ》　9・11からイラク・北朝鮮危機まで

2003年2月25日　初版第１刷発行©

編　者　姜《カン》　尚《サン》　中《ジュン》
発行者　藤　原　良　雄
発行所　株式会社　藤原書店
〒162-0041　東京都新宿区早稲田鶴巻町523
電　話　03（5272）0301
FAX　03（5272）0450
振　替　00160-4-17013

印刷・製本　図書印刷

落丁本・乱丁本はお取替えいたします　Printed in Japan
定価はカバーに表示してあります　ISBN4-89434-319-3

真の勇気の生涯

「アメリカ」が知らないアメリカ

〔反戦・非暴力のわが回想〕

D・デリンジャー　吉川勇一訳

第二次世界大戦の徴兵拒否からずっと非暴力反戦を貫き、八〇代にして今なお街頭に立ち運動を続ける著者の、不屈の抵抗と人々を鼓舞してやまない生き方が、もう一つのアメリカの歴史、アメリカの最良の伝統を映し出す。

A5上製　六二四頁　六八〇〇円

（一九九七年一一月刊）

◇4-89434-085-2

FROM YALE TO JAIL

David DELLINGER

絶対平和を貫いた女の一生

絶対平和の生涯

〔アメリカ最初の女性国会議員ジャネット・ランキン〕

櫛田ふき監修

H・ジョセフソン著　小林勇訳

二度の世界大戦にわたり議会の参戦決議に唯一人反対票を投じ、ベトナム戦争では八八歳にして大デモ行進の先頭に。激動の二〇世紀アメリカで平和の理想を貫いた「米史上最も恐れを知らぬ女性」（ケネディ）の九三年。

四六上製　三五二頁　三二〇〇円

（一九九七年二月刊）

◇4-89434-062-3

JEANNETTE RANKIN

Hannah JOSEPHSON

「南北問題」構図の大転換

新・南北問題

〔地球温暖化からみた二十一世紀の構図〕

さがら邦夫

六〇年代、先進国と途上国の経済格差を俎上に載せた「南北問題」は、急加速する地球温暖化でその様相を一変させた。経済格差の激化、温暖化による気象災害の続発——重債務貧困国の悲惨な現状と、「IT革命」の虚妄に、具体的数値や各国の発言を総合して迫る。

A5並製　二四〇頁　二八〇〇円

（二〇〇〇年七月刊）

◇4-89434-183-2

初の国際フォーラムの記録

介入？

〔人間の権利と国家の論理〕

E・ウィーゼル、川田順造編

廣瀬浩司・林修訳

ノーベル平和賞受賞のエリ・ウィーゼルの発議で発足した「世界文化アカデミー」に全世界の知識人が結集。飢餓、難民、宗教、民族対立など、相次ぐ危機を前に、国家主権とそれを越える普遍的原理としての「人権」を問う。

四六上製　三〇四頁　三二〇〇円

（一九九七年六月刊）

◇4-89434-071-7

INTERVENIR?——DROITS DE LA PERSONNE ET RAISONS D'ÉTAT

ACADÉMIE UNIVERSELLE DES CULTURES